MATTHES & SEITZ BERLIN

PAPERBACK

Esther Kinsky

FREMDSPRECHEN

Gedanken zum Übersetzen

Matthes & Seitz Berlin

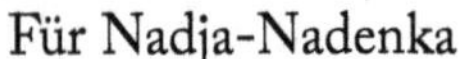
Für Nadja-Nadenka

They said: ›You have a blue guitar
You do not play things as they are‹.

The man replied: ›Things as they are
Are changed upon the blue guitar.‹

Wallace Stevens, The Man with the Blue Guitar

Vorbemerkung

Ich schreibe vom Übersetzen, dem Umgang mit zwei Sprachen und dem Raum zwischen diesen Sprachen, der sich beim Vorgang des Übersetzens auftut.

Es ist keine Anleitung zum Übersetzen, kein Handbuch der Grundregeln, die beim Übertragen von Text zu beachten wären, keine Unterweisung im Jonglieren von Worten für Erfolgsnummern im Großen Sprachzirkus.

Es ist mir zwar hier und da daran gelegen, Missverständnisse zurechtzurücken, die mir immer wieder begegnet sind, doch ich habe keine Empfehlungen zu geben und noch viel weniger habe ich Urteile zu fällen oder zu vermitteln. Die Auseinandersetzung mit dem Vorgang und den Mitteln des Übersetzens, die ich hier unternehmen möchte, ist eher ein Bericht, eine Bestandsaufnahme der Gedanken, zu denen ich über die Jahre des Übersetzens immer wieder zurückgekehrt bin. Diese Fragen zu Sprache und Fremde stellen sich unweigerlich, wenn man sich mit der Beziehung beschäftigt, in die zwei Texte durch die Übersetzung treten. Es ist ein persönlicher Bericht, weil die Handhabung von Sprache etwas Persönliches ist, das sich nicht in allgemeine Regeln, Tatsachen oder Grundsätze umschreiben oder *übersetzen* lässt.

Mein Gegenstand sind Prosatexte, keine Lyrik, zu deren Übersetzung ich anderes zu sagen hätte. Doch es geht immer um die Übersetzung von literarischen Texten und deshalb zwangsläufig nicht um die bloße Vermittelbarkeit von »Inhalten«. Ich halte nicht viel von der Betonung der Rolle des Übersetzers als »Brückenbauer« und Kulturvermittler. Der Übersetzer ist kein Fremdenführer, auch wenn die Fremde sein Gegenstand ist. Einblicke in andere Kulturen und Gepflogenheiten mögen ein Nebenprodukt der Veröffentlichungen und Verfügbarkeit übersetzter literarischer Texte sein, aber nicht ihr Zweck und Ziel. Jede Übersetzung ist in erster Linie das Ergebnis eines Gestaltungsprozesses von Sprache als Material, der nicht aus der Beschäftigung mit einem Gegenstand erwächst, sondern aus der Beschäftigung mit der Spannung zwischen zwei Arten der Behandlung eines Gegenstands. Das ist ein Prozess, in dem das »Was« hinter dem »Wie« zurücktritt. Dieses »Wie« ist hier der Gegenstand. Das »Was« ist nur insofern interessant, als es Schichten des »Wie« offenlegt, die weiter und tiefer reichen, als die meisten Leser vermuten.

I

Hat es jemals eine allen Menschen gemeinsame, eine »Proto«-Sprache gegeben? Hat es jemals eine Zeit gegeben, in der ein vollkommener Konsens über die Bezeichnung der Dinge herrschte? Wie hätte man sich eine solche Sprach-Welt vorzustellen? War es bloß »eine« Sprache, in der noch kein »Wie« das »Was« unterwanderte? Oder war es eine »reine« Sprache, in der das Wort noch unmittelbarer Ausdruck von Erkenntnis war? Die Existenz einer solchen Sprache ist fraglich, auch wenn die Unmöglichkeit universaler Verständigung – zumindest im Wirkungsbereich der Bibel – mit einer Art zweitem Sündenfall, also dem Verlust einer solchen Verständigung, assoziiert ist. Kaum eine biblische Episode – mit Ausnahme der Vertreibung aus dem Paradies und der Sintflut – ist so bekannt wie der Turmbau zu Babel. Man braucht nicht bibelkundig zu sein, um mit dem Namen Babel die Sprachverwirrung zu verbinden und zumindest die Grundzüge der knappen Geschichte zu kennen, die die Vielsprachigkeit als fundamentale Tatsache der Menschheit zur Folge hat.

Dabei ist es, gemessen an den langen Genealogien, aus denen die Verse Genesis 11.1-9 herausstechen, nur eine kurze Notiz, die über das einschneidende Ereignis berichtet. Die zweite Chance, die der Schöpfer den Menschen nach der Sintflut gegeben hat, liegt kaum ein paar Generationen zurück, als Er wieder über sie in Zorn gerät. Diesmal allerdings gibt nicht die Bosheit oder Destruktivität des Menschen den Anlass zum Zorn, sondern ein Akt kollektiver Konstruktivität: Kaum haben sie den Ziegelstein erfunden, wollen die Menschenkinder einen Turm bauen, der bis zum Himmel reicht. Dieses Vorhaben, unternommen zu einer Zeit, als es »auf der Erde eine Sprache und einerlei Worte« gibt, erregt das Missfallen des Schöpfers nicht deshalb, weil es, wie die Verkostung der kritischen Frucht im Paradies, gegen ein ausdrückliches Verbot verstößt, sondern weil es die Bekundung eines Machtgefühls des Menschen ist, das dem Ewigen geradezu einen Schrecken einjagt: »Jetzt … haben sie alle *eine* Sprache, und das ist nur der Anfang ihres Tuns, fortan wird ihnen nichts fehlschlagen, was sie auch ersinnen mögen.« So spricht der Ewige und greift ein.

Ungehinderte Verständigung auf der Grundlage *einer Sprache und einerlei Worte* ist – der unwiderruflichen Sterblichkeit des Menschen zum Trotz – offenbar die Voraussetzung für eine Macht, die die vermessene Vorstellung einer Gottähnlichkeit nahelegt. Zwar wird der Konsens zweifellos von oben (Drahtzieher des Turmbaus) nach unten (ausführende Arbeiter beim Turmbau, Ziegelträger und Mörtelmischer) organisiert, doch stiftet er einen Sinn, an dem jeder teilhat: Mit dieser Handlung, diesem Turm-Werk, wollen sich die Menschenkinder, wie es in der Bibel heißt, insgesamt »einen Namen machen«, sich hervortun, ein Zeichen ihrer selbst setzen, Bedeutung gewinnen. Der Name bürgt für ihr Sein. Wie die Geschichte ausgeht, ist bekannt: Sprachverwirrung und Zerstreuung über die ganze Erde, Zerschlagung eines kollektiven Projekts, das die im sinnstiftenden *Namen* verankerte Identität erwirken sollte.

Eingerahmt von Auflistungen der unzähligen Stämme, die Noah und seine Söhne nach der Sintflut hervorbrachten, wirkt diese kurze narrative Episode, die das menschheitsdefinierende Ereignis schildert, nicht nur seltsam beiläufig, sie steht auch im Widerspruch zum vorhergehenden Kapitel, in dem die Nachkommen Noahs bereits »nach ihren Geschlechtern und Sprachen, nach ihren Ländern und Völkerschaften«

aufgeführt sind. Demnach war die Sprache neben Abstammung (Geschlecht), Siedlungsraum (Ländern) und Sitten im weitesten Sinne (Völkerschaften) ein wesentliches Differenzierungsmerkmal.

Was also beim Turmbau zu Babel zerschlagen wird, ist keine alltägliche Sprache, keine Einheitlichkeit der Sprache als Benennung der Dinge, sondern eher eine *Sprache über den Sprachen*, eine Einheitlichkeit in der Artikulation schöpferischer Absicht, die der Mensch – bemerkenswerterweise in der Bibel zeitgleich mit der Erfindung des Ziegelsteins als Inbegriff des *hergestellten* Baumaterials – nach dem Schock der Sintflut und auf der Grundlage des Bundes zwischen Schöpfer und Schöpfung erlangt. In diesem nach der Sintflut geschlossenen Bund sagt der Ewige zu, die von ihm geschaffene Welt nie wieder vernichten zu wollen. Im gleichen Zug überantwortet er zwar die Macht zu schaffen und zu zerstören an den Menschen, zersplittert diese Macht jedoch dann anlässlich des Turmbaus, indem er die Sprache verwirrt und die Menschen über die Erde zerstreut. Nicht nur bleibt den Menschen der Zugang zu der einen, einenden Sprache versagt, sondern zugleich auch der »Name«, den sie sich machen wollten und der sie – wie man vermuten muss – in gefährliche Nähe zum Schöpfer gerückt hätte.

Nach Babel wird die Überwindung von Verständigungsschwierigkeiten einen guten Teil menschlicher

Erfindungsgabe besetzen. Diese Überwindung ist ein Prozess, der nie zum Abschluss kommt, weil Sprache selbst eine Bewegung ist, die, solange es Menschen gibt, die Sprache nutzen, nie an ein Ende gelangt. Sprache wird unentwegt von kollektiver und individueller Geschichte geformt, unterliegt einem dauernden Prozess der Differenzierung, Filterung, Veränderung, sie ist kein Zustand, sondern Entwicklung, Fluch und Segen des Menschseins, denn der Verlust der Unschuld war auch der Verlust der Stasis. Die *eine Sprache und einerlei Worte* waren der letzte Rest der Unschuld, der nach der Erkenntnis von Gut und Böse und nach dem Brudermord noch erhalten geblieben war, eine Unmittelbarkeit und Verbindlichkeit des Wortes, die der Schöpfer verwirft und der Mensch verwirkt, als er mit dem Turmbau selbst zum Schaffenden wird. Mit der Entdeckung der eigenen Schaffenskraft verlässt der Mensch diesen letzten Geländestreifen der Unschuld, die in der Bescheidung in das Gegebene besteht. Und der damit verbundene Verlust der einen Sprache ist endgültig und irreparabel. Die Sprachverwirrung ist als Strafe gedacht, nach der Vertreibung aus dem Paradies und der Sintflut ist sie die dritte und letzte Universalstrafe für die Menschen schlechthin, sie entzieht ihnen ein für alle Male die Möglichkeit einer ungehinderten Verständigung miteinander und sieht das Missverstehen als prägende Menschheitserfahrung vor. Diese dritte Strafe der Sprachverwirrung ist die Erschaffung der Fremde, und auf diesem Boden nimmt die Übersetzung ihren Anfang.

II

Sprache ist die gängige Währung unserer Kommunikation. Als Sprachgruppe ist man sich einig über Bezeichnungen für Konkretes und Abstraktes, für Dinge, Handlungen, Empfindungen, und darüber, wie diese in einen zeitlichen Rahmen eingeordnet werden. Man ist sich einig über eine bestimmte Bandbreite von Lautungen der Namen, und über ein reglementiertes Repertoire von Zeichen, die diese Laute schriftlich fixieren. Es ist kein starres System, weil die Welt, die es verhandelt, kein starres System ist, sondern ein Prozess. Auf der kollektiven Ebene vollzieht sich dieser Sprachprozess langsamer als auf der individuellen, denn die Welt im Kopf eines jeden Einzelnen wandelt sich mit jeder Erfahrung von Sinnen, Gefühl, Körper und Verstand und verleiht den Worten unentwegt neue Schichten, die sich, auf einen zwangsläufig verkürzten gemeinsamen Nenner gebracht, im gemeinsamen Sprachgebrauch niederschlagen. Sprachtragend bleibt aber immer der Konsens, der, so wie jede Währung, beim Verlassen des Raums seiner Gültigkeit die Verbindlichkeit verliert. Dieses Abhandenkommen der Gültigkeit des Konsens ist die Fremde, die Erfahrung der Abwesenheit einer gemeinsamen Sprache.

Ob man diese Fremde wie biblisch vorgesehen als Strafe wahrnimmt, hängt natürlich in erster Linie davon ab, wie und unter welchen Bedingungen man ihr ausgesetzt ist und sich ihr öffnen kann. Der Übersetzer agiert immer in Bezug auf Fremde und hat sie als Ort, Sprache oder Kultur meistens freiwillig aufgesucht, doch es gibt etliche Beispiele dafür, dass auch die Not – das Geworfensein in die Fremde durch Flucht, Gefangenschaft, Verschleppung – eine Erfahrung der anderen Sprache zulassen kann, die zum Übersetzen führt. Der erste Lehrer, der mir in einem zerknitterten Studium die Augen dafür öffnete, in welchem Maße Sprache ein Material ist, in dem Original und Übersetzung miteinander verwoben werden können, war aus fünf Jahren Kriegsgefangenschaft in Sibirien mit einer Liebe zur russischen Sprache und zu Puschkin zurückgekehrt, die alle Gelehrsamkeit klein werden ließ. Aber die Einübung in den Umgang mit der anderen und der eigenen Sprache ist ohnehin keine Sache der Gelehrsamkeit, eher die einer praktischen Lehre mit Spielraum für das Unberechenbare.

Das Erlernen einer Fremdsprache ist immer ein langwieriger Prozess, der eigentlich erst beginnt, wenn man einen Grundbestand von Worten schon beherrscht und sich in die Sprache eingehört hat. Für benötigte Dinge ist schnell gesorgt, ohne dass man von der fremden Sprache als gestaltbarem Material etwas mitbekommt. Das lernt man erst, wenn man sich auf den anderen Konsens einlässt und nach den fremden Regeln spricht. Jeder, der so eine Sprache lernt, wird irgendwann eine Phase des Übersetzens durchlaufen und spüren, wie sich die Welt verändert, wenn man die vertrauten Dinge bei den fremden Namen nennt, wie der gestaltende Umgang mit der Sprache auch Einfluss auf Denken und Wahrnehmung des Sprechers hat. Manchmal erwächst aus solchen Versuchen dann auch ein tatsächliches, tätiges Übersetzen von Text, wobei man sich nicht nur auf den fremden Konsens sondern auch auf den fremden Kontext einlässt. Das Übersetzen von Text ist ein Prozess der Annäherung, dessen erste Bedingung es ist, dass die Sprache, über die man verfügt, die *eigene* ist, die sich von den Zwängen der Floskeln und Konventionen, der bloßen Benennung, der zweckgebundenen Verständigung gelöst hat. Es muss nicht die Muttersprache sein, aber doch die vertrauteste Wort-Welt im Kopf, und eine solche Vertrautheit kommt ohne die frühen Prägungen durch das Zusammenwirken von Klang, Bild und Empfindung nicht aus. Die Verfügbarkeit einer Sprache beruht nicht auf der Kenntnis von Regeln, sondern auf ihrer Verbundenheit mit der eigenen Geschichte, in deren Verlauf man sich den Wortbestand der Sprache auf der kollektiven und der persönlichen Ebene zueigen macht und ein Verhältnis zu der Bedeutung der Namen entwickelt. Diese Bedeutung betrifft weniger das »Was« des Gemeinten als das »Wie« des Meinens, nicht die Sache oder Handlung, sondern einen ganzen Komplex von Assoziationen, die für jeden Text den Kontext schaffen. Walter Benjamin schreibt in seinem Essay zur »Aufgabe des Übersetzers«: »In ›Brot‹ und ›pain‹ ist das Gemeinte zwar dasselbe, die Art, es zu meinen hingegen nicht. In der Art des Meinens nämlich liegt es, dass beide Worte dem Deutschen und Franzosen je etwas Verschiedenes bedeuten, dass sie für beide nicht vertauschbar sind, ja sich letzten Endes auszuschließen streben, am Gemeinten aber, dass sie, absolut genommen, das Selbe und Identische bedeuten.« (Die Aufgabe des Übersetzers, Werkausgabe Bd 10, Frankfurt a.M. 1980, S. 14)

Aus der Vertrautheit mit dem »Wie des Meinens« in der eigenen Sprache entwickelt sich im Prozess des Übersetzens notwendigerweise ein Dialog mit der Fremde und der Fremdsprache, die sich langsam über das »Was« des Gemeinten erschließt, bis sich irgendwann auch ein »Wie«, eine Vertrautheit, eine Selbstverständlichkeit im Umgang mit den Mitteln und

Möglichkeiten der anderen Sprache etablieren, die jedoch unweigerlich in einer ganz anderen Beziehung zur Geschichte des Sprechers und Übersetzers stehen als die eigene, vertrautere Sprache.

Die Annäherung an den Text in der Fremdsprache geschieht über diese Kluft zwischen den beiden »Wie des Meinens« hinweg, die nie zur Deckung gebracht werden können, doch sind es nicht gerade diese Deckungslücken, die sprachliche Freiräume eröffnen und die schwer zu greifenden, intuitiven Einsichten in das Wirken von Sprache vermitteln? So ist diese Kluft auch kein bedrohlicher Abgrund, in dem etwas – Text oder Übersetzer etwa – zu verschwinden droht, sondern vielmehr ein Klangraum, ein Resonanzboden, an dem das Hin und Her des Textes in eigener und fremder Sprache mit Ton und Stimme ausprobiert und eingeübt wird. Dieser Klangraum selbst verändert sich allmählich, füllt sich nach und nach mit den Spuren des Hin und Her der beiden Sprachen und Sprachwelten und wird zu einer nur dem Übersetzer zugänglichen Zwischen-Welt der Worte, Silben, Klänge und Bilder beider Sprachen, die zu ihrem eigenen Kontext zusammenwachsen.

Die Kluft mag mit der Zeit kleiner werden, der Bestand der Spuren, die sich darin niederlassen, größer, aber sie verschwindet nie, denn sie garantiert den Abstand, den der Übersetzer zwischen den Sprachen braucht, diesen Transit-Raum in dem sich die Verwandlung des originalen Texts in die Übersetzung vollzieht.

Diesen von der Kluft dargestellten Abstand braucht übrigens auch der Übersetzer, der mit beiden Sprachen gleichermaßen vertraut ist, denn jede Sprache ist mit ihrer eigenen Welt im Kopf verbunden, hat ihre eigenen Bilder, Zusammenhänge, Kontexte. Eine gleiche Vertrautheit mit der Sprache des Originals wie der der Übersetzung kann dem Übersetzer zwar einerseits das Verständnis und die Einordnung der Bezüge, das Erkennen des entsprechenden Tons und eventueller Untertöne erleichtern, doch andererseits auch das Gefühl geben, dass ein Text sich einfach nicht in die andere Sprache fügen wird, weil der Subtext zu eigen, zu spezifisch ist. Ein gewisser Grad von Fremdheit kann deshalb dem Übersetzen zuträglich sein, denn je enger die Sprache des Originals mit der persönlichen Geschichte des Übersetzers verbunden ist, desto größer wird der Widerstand gegen die Übertragung in eine Sprache, die mit der eigenen Geschichte zwar genauso eng, aber auf andere Weise verbunden und mit anderen Bildern und Kontexten belegt ist. Je näher man sprachlich dem Original steht, desto deutlicher sieht man die Unvollkommenheit, zu der jeder Übersetzungsversuch verurteilt ist, weil die Gültigkeit des Worts, die dem Original eigen ist, nie auf die Übersetzung zutreffen wird.

Mit dieser Unvollkommenheit muss der Übersetzer übrigens in jedem Fall leben. Sein Werk ist vorläufig, ist eine Annäherung, die nie das ganze Original erfassen kann. Bei Benjamin heißt es: »Die Übersetzung aber sieht sich nicht wie die Dichtung gleichsam im innern Bergwald der Sprache selbst, sondern außerhalb desselben, ihm gegenüber und ohne ihn zu betreten ruft sie das Original hinein, an demjenigen einzigen Orte hinein, wo jeweils das Echo in der eigenen den Widerhall eines Werkes der fremden Sprache zu geben vermag.« (S. 16, s.o.). Jede Übersetzung ist eine Sicht des Originalwerks, eine Ansicht, die durch den Filter der Sprachwelt des jeweiligen Übersetzers den Weg aufs Papier gefunden hat, und wie durch die Farbfilterlinse einer Kamera aufgenommen, breitet sich vor dem Leser der Übersetzung ein anderes Bild aus als vor dem Leser des Originals.

Das Übersetzen von Literatur wird oft mit dem Musizieren verglichen, mit dem Umsetzen von Notenschrift in den Klang von Instrument oder Stimme. Doch scheint dieser Vergleich gerade das zu verdecken, was die Übersetzung interessant macht – nämlich die Spannung zwischen dem vom Urheber nur dem Original zugesprochenen »Wie« und dem, was der Übersetzer dem Text in der fremden Sprache verleiht – und in der Übersetzung eine Art Verwirklichung des Originals zu sehen. Doch während beim Musizieren die Notenschrift ja erst ihrer Bestimmung – dem Klang – zugeführt wird, hat sich die eigentliche Bestimmung des Originals ja schon erfüllt, indem es sich als vollendetes Werk, für jeden der betreffenden Sprache Mächtigen lesbar, präsentiert. Die Notenschrift ist eine Botschaft des Urhebers an den Musiker, sie auf eine bestimmte Weise zum Klingen und damit zu Gehör zu bringen, die Schrift eines literarischen Textes ist eine direkte Botschaft an den Leser und bedarf in der vom Autor verliehenen Form keiner Vermittlung. Kein Autor schreibt in erster Linie für den Übersetzer. Sicher gibt es bestimmte technische Parallelen, in beiden Fällen wird Schrift umgesetzt, es gibt einen bestimmten interpretatorischen Spielraum, der Ausführende – Musiker oder Übersetzer – hat die Macht und die Verantwortung, das Werk einer unabsehbaren Zahl von Hörern oder Lesern zugänglich zu machen, und in beiden Fällen ist es so, dass jede Interpretation, ob musizierend oder übersetzend, die keinen Fehler enthält – wie z.B. einen falschen Ton oder eine falsche Übersetzung des »Gemeinten« – einen Beitrag zum Verstehen des jeweiligen Werkes leistet. Doch bei der Notenschrift handelt es sich um ein Zeichensystem, das einer begrenzten Anzahl von Menschen unabhängig von ihrer sprachlichen Herkunft zugänglich ist und in Klang umgesetzt wird, der sich zumindest theoretisch jedem Hörenden erschließt. Der Übersetzer hat es mit einem Originalwerk zu tun, das seine Gültigkeit aus der Autorität des Urhebers bezieht, und das er – ohne Anspruch auf die gleiche Gültigkeit erheben zu können – in die Fremde überführt. Das Wesentliche an der Übersetzung ist daher nicht der Status des abgeschlossenen Werks – ist es ein Kunstwerk, und, wenn ja, wie und dank wem ist es bleibend, hat es Geltung? – sondern die Art und Weise, wie sie Zeugnis ablegt von der Auseinandersetzung mit den beiden Gegebenheiten des Menschseins: Sprache und Fremde.

III

Eine meiner Urgroßmütter mütterlicherseits, eine alte Frau, die den größten Teil ihres Lebens auf einem Einödhof verbracht und elf Kinder in den Grundregeln des Lebens auf einem Einödhof unterwiesen hatte, reagierte kopfschüttelnd, als ihre Enkelin stolz die ersten Französischvokabeln ausprobierte: »Aber das geht doch nicht«, soll sie gesagt haben, »ein Tisch ist doch ein Tisch, dazu kann man nicht einfach ›tah-ble‹ sagen!«

Ein so seliges Aufgehobensein im Vertrauen auf die Identität von Namen und Sein in fortgeschrittenem Alter wurde in der Familie sogar von denen belächelt, die selbst keine Fremdsprache beherrschten. Wahrscheinlich lächelten sie, weil sie aus flüchtiger Erfahrung wussten oder aufgrund von Berichten glaubten, dass sich Fremde fremd artikulierten, was ihnen wiederum die vielleicht willkommene Gelegenheit bot, diesen Fremden eins auf den Deckel zu geben, um sie zum Schweigen zu bringen.

Dabei hatte die Urgroßmutter eigentlich recht. Dieser Tisch, in ihrer Stube und umringt von ihren Stühlen, vielleicht auch mit dem Französischheft ihrer Enkelin darauf, konnte für sie immer nur ein Tisch sein, Bild und Name waren miteinander verwachsen, und man hätte alles ringsum umbenennen müssen, um dem Tisch auch bei einem anderen Namen nennen zu können. Hätte man ihr das Bild eines gänzlich anderen Tisches gezeigt – rund und rotweiß gepunktet, oder gülden, mit zierlich geschwungenen Beinen – hätte sie die Bezeichnung tah-ble unter Umständen hingenommen und sich damit abgefunden, dass man ein Möbelstück mit einer ganz ähnlichen Funktion wie ihr Tisch, aber mit einem ganz anderen Aussehen, auch anders nennt. Fremde Dinge, fremde Namen – das mochte es geben, nur ihre Welt wollte sie sich nicht fremdsprechen lassen. Hätte sie je einen Gedanken auf Fragen von Übersetzung verschwendet, hätte sie wahrscheinlich ihre Welt für unübersetzbar erklärt.

Wie es mit der Einstellung der kopfschüttelnden Urgroßmutter zu den Französischkenntnissen ihrer Enkelin weiterging, weiß ich nicht. Die Tisch-Table-Episode war einer dieser kleinen Familienschwänke, die etwas illustrieren sollen, was sicher weniger mit Übersetzung zu tun hat als mit Status und Geläufigkeit von Fremde, ein versteckter Hinweis auf eine Art

Fortschritt. Alte Frauen, die gelebt haben wie meine Urgroßmutter, werden sich vor sechzig, siebzig Jahren einfach damit abgefunden haben, dass eine Enkelin Worte formte, murmelte, las und schrieb, die sie nicht verstanden und die mit ihrer Welt nichts zu tun hatten. Wahrscheinlich starb die Urgroßmutter, bevor meine Mutter ihr Französisch zu dem Hokuspokus ausgebaut hatte, den wir als Kinder mitbekamen, wenn sie vor fremdsprachigen Gästen die Worte wie verschreckte Kaninchen aus dem Sprachzylinder zog und fallenließ. Wir schauten mit immer weniger weit geöffneten Mündern zu und begriffen bald, welches Kaninchen zu welchem Gegenstand oder Vorgang gehörte, Tisch und Brot, Glas und Teller, alle Dinge konnten anders heißen und blieben doch vor unseren Augen dieselben. Auch wenn dieses Fremdsprechen der Dinge damals noch etwas von einer Zirkusnummer hatte, war es doch nichts Befremdendes, und auch ohne das Wort »übersetzen« zu kennen, war die Übersetzbarkeit der Welt um mich herum etwas Selbstverständliches.

Die Hinnahme der oberflächlichen Übersetzbarkeit der Welt ist da, wo die Begegnung mit Fremdsprache zur Alltagserfahrung gehört, nie etwas Besonderes, und das Erleben des »Fremdsprechens« als Selbstverständlichkeit macht natürlich noch keinen Übersetzer. Um das zu werden, überhaupt werden zu wollen, braucht man sicher eine Neigung zur Sprache als Material so wie ein Musiker eine Neigung zu seinem bestimmten Instrument hat und der Bildhauer eine Neigung zu seinem Werkstoff. Sprache ist kein festgelegtes System, in dem man Worte nach bestimmten Regeln über vorgezeichnete Bahnen schiebt, sondern ein Stoff, der einen überwältigenden Vorrat an Möglichkeit bietet, der Welt Ausdruck zu verleihen.

Sprache ist einerseits beherrschende Konvention, andererseits unser eigenster Besitz. Sie ist das Produkt kollektiver Geschichte, und dennoch trägt jeder seine eigene Vorstellung zu jedem Wort, jeder sein eigenes, in persönlicher Geschichte verankertes Verhältnis zu den Namen der Dinge in sich, auch wenn die Eigenart dieses Verhältnisses nur sehr selten artikuliert wird und unter der verhärteten Schicht der Verständigungsfunktion in unterschiedlich tiefem Schlummer liegt. Jede Begegnung mit Fremdsprache ist eine Herausforderung dieser Sprach-Welt, der persönlichen wie der kollektiven, wobei allerdings letztere durch die schlichte Notwendigkeit eines Konsens weniger betroffen ist.

Verstehen wir einen geschriebenen Text als eine in Worten geschaffene Welt für sich, ist Übersetzen das Umbenennen dieser Welt. Ganz vordergründig betrachtet ist eine Voraussetzung die, dass die Übersetzungssprache einfach das Material bereithält – an Vokabeln und grammatischen Möglichkeiten –, das dem Text den Boden bereitet. Sprachen sind denkbar, die kein Wort für bestimmte Phänomene der Natur oder kein Konditional enthalten, so dass bei der Übersetzung eines Textes, für den diese fehlenden Mittel wesentlich sind, überfrachtende Behelfe der Wahrnehmung des Textes immer im Weg stehen. Das Vokabular – als das »Was« des Gemeinten – ist dabei unter den Sprachen, die am Literaturaustausch beteiligt sind, meistens ein weniger großes Problem als grammatische Voraussetzungen. Weder das Englische noch die slavischen Sprachen zum Beispiel verfügen über eine ausdrückliche Form der indirekten Rede, so dass die Übertragung langer Texte, deren wesentliches Stilmerkmal die Verwendung indirekter Rede ist, zu einem Drahtseilakt wird, in dem der Übersetzer eigenhändig Sprache schafft. Diese materielle Übersetzbarkeit verlangt Neugier und Vertrauen des Übersetzers, beides bezogen auf die Möglichkeiten der Sprache als gestaltbarem Material, ähnlich dem Lehm aus dem die Menschen vor dem Turmbau die Ziegel als ihr erstes »erfundenes« Baumaterial formten.

Neben diesen materiellen Bedingungen handelt es sich bei einer literarischen Übersetzung um das Hinüberheben des Benannten mit all seinen Bezügen und Konnotationen, all seiner Geschichte in ein anderes, fremdes, neues Wort-Universum, in dem sich zwangsläufig die Bezüge und Konnotationen verschieben oder verwischen, die den Wörtern zugrundeliegende Geschichte eine andere ist, der Konsens nur auf Umwegen zugänglich wird. Ein banales Beispiel dafür ist die »Kakerlakenfrage«. Auf Polnisch werden Kakerlaken als »prusaki« – Preußen – bezeichnet. Der Name leitet sich einerseits von der lateinischen Artenbezeichnung »Blatella germanica« her, ist andererseits aber natürlich auch Ausdruck der verständlichen Preußen- und Deutschenfeindlichkeit und in diesem historisch-sozialen Kontext verankert. Handelt es sich um einen Text aus jüngster Zeit, ist dieser deutschenfeindliche Beiklang im Original meistens in den Hintergrund getreten, und es handelt sich einfach um eine normal umgangssprachliche Bezeichnung für ein Ungeziefer. Bei älteren Texten jedoch stellt sich die Frage, wie das Wort zu übersetzen ist. Nimmt man das früher im Deutschen gängige und ebenfalls feindselige »Franzosen« oder »Russen« als Bezeichnung für Kakerlaken, greift man entfremdend in den polnischen Kontext ein, nimmt man »Preußen« und annotiert es, schafft man eine erklärerische Distanz, die dem Fluss des Textes abträglich ist, nimmt man das neutrale »Kakerlaken« begibt man sich auf eine andere Sprachebene und verleiht dem Text an dieser Stelle eine Färbung, die dem Original nicht entspricht und wahrscheinlich auch von Ton und Färbung des übrigen Textes abweicht. Diese Nuancen mögen Lesern unwesentlich oder sogar überlesenswert erscheinen. Als Übersetzer jedoch ist man jedem Wort des Originals verpflichtet und für jedes Wort des übertragenen Texts verantwortlich und damit unentwegt zu Entscheidungen und Abwägungen herausgefordert: Wie weit bleibt die Übersetzung den Bezügen des Originals verbunden, was heißt das für den Text, der entsteht, wie viel Fremde bleibt, wie sehr wird das Original durch eine Anverwandlung an die Übersetzungssprache seinem ursprünglichen »autorisierten« Kontext entfremdet? Der Prozess, in dem man die Antworten auf diese Fragen findet, ist weniger analytisch als intuitiv, weniger ein inneres Für und Wider als ein Erproben des *Tons*, ein Stimmen der sprachlichen Instrumente.

Das »Andere« enthält immer auch ein Element der Verunsicherung des »Eigenen«, eine Infragestellung der Bilder, Ordnungen und Werte, die mit den Worten und Sätzen verbunden sind, weil sich, naturwissenschaftlich gesprochen, die Valenzen der Ausdrucksmittel unterscheiden. Diese Unterschiede spielen sich auf kollektiver Ebene genauso ab wie auf persönlicher. So ist im Deutschen beispielsweise das Wort »Führer« so belastet, dass es nur sehr bedingt und erläutert als Übersetzung des neutralen englischen »guide« oder polnischen »przewodnik« fungieren kann. Wie hell oder dunkel wird mein »rot«, wenn ich erfahre, dass es in einer anderen Sprache »red« oder »rouge« heißt, wie schmächtig oder ausladend ist mein Baum plötzlich gegen »tree« oder »arbre«, was heißt es für meine kurze Aussage »ich ging fort«, wenn ich eine Sprache kenne, in der es verschiedene Verben für »Gehen« gibt, deren Gebrauch sich danach richtet, ob ich mehrmals gehe, oder ob ich einen kurzen Weg zurücklege, mit Ziel, ohne Ziel, und ob ich das Ankommen mit einkalkuliere. Jedes solche Wissen um »Anderes« schafft eine Distanz zum Eigenen, lässt die Mittel und Möglichkeiten der vertrauten Sprache in einem anderen Licht erscheinen. Der Umgang mit diesen durch das Andere erhellten Mitteln und Möglichkeiten des Eigenen, die Auslotung von Tiefen der vertrauten Sprache gegen den Horizont der fremden, macht einen wesentlichen Teil der stets am Hinterfragen des Worts orientierten Übersetzungsarbeit aus.

Zum Wort gehört auch der leere Zwischenraum, der ihm vorausgeht und folgt, so wie bei jedem Ausgesprochenen auch Unausgesprochenes mitschwingt. Vor langer Zeit las ich eine Geschichte von einem älteren Mann, der für seine verstorbene Mutter Kaddisch, das jüdische Totengebet, sprechen muss. Es ist Jahrzehnte her, seit er das letzte Mal mit hebräischen Worten und hebräischer Schrift umgegangen ist, noch länger ist es her, dass er als Kind das Gebet lesen gelernt hat. Er hat keine Zeit, seine Hebräischkenntnisse wieder aufzufrischen und versucht, sich die hebräischen Zeichen und die phonetische Umschrift dazu einzuprägen. Als der Moment kommt, in dem er das Gebet sagen soll, hilft ihm nur die Erinnerung an die leeren Räume zwischen den Worten dabei, sich auf den Klang den Gebetes zu besinnen und es zu sprechen. Der Holocaust ist als jahrhundertdefinierendes Ereignis im größten Teil der lesenden Welt so präsent, dass man davon ausgehen kann, dass in Original und Übersetzung der Bezug auf die Abwesenheit, auf das Verschwinden der jüdischen Bevölkerung erkannt wird; das, was ist – der Text –, erschließt sich nur noch durch das, was nicht ist. Doch wie wird sich diese Geschichte in einer Kultur lesen, in der es wenn überhaupt nur vermittelte Kenntnis europäischer Geschichte gibt? Wenn es eine chinesische Übersetzung der Geschichte gibt – wie liest sie etwa ein zwanzigjähriger Chinese in Chonqing, der seine Tage damit verbringt, Einzelteile in Kleincomputer zu montieren? Welche Bedeutung bekommen dann sowohl das Ungesagte – der historische Bezug – als auch die leeren Zwischenräume selbst? Wie verleiht man dem Ungesagten, das ebenso wie das Gesagte auf einem Konsens beruht, Ausdruck, ohne das vom Autor bestimmte Schweigen zu brechen? Auszusprechen, was im Original ausdrücklich unausgesprochen bleibt, ist ein heikler Eingriff. Soll man sich mit Fußnoten helfen, mit Anmerkungen? Einen Schlüssel an den Text herantragen, dessen sich der perplexe Leser nach Belieben bedienen kann? Das fremde Nichtsagen gibt noch mehr Probleme auf als das fremde Sagen. Zum Fremdsprechen gehört auch das Fremdschweigen. Auch das ist eine Frage, die der Übersetzer immer wieder zu entscheiden hat: Wie ist die Zugänglichkeit des Textes zu bestimmen?

IV

»Warum« ist eine Frage, die Übersetzern so oft gestellt wird. Warum dieser Autor, warum dieses Buch, warum diese Sprache, warum überhaupt übersetzen? Die einen stellen es sich sehr einfach vor – zu einfach, um Anspruch auf eine Art Urheberschaft zu erheben –, die anderen zu schwer, weil ihnen Fremdes im Allgemeinen und Fremdsprachen im Besonderen schwierig vorkommen. Aber Kunstreiten ist auch schwierig, und das Berechnen der Bahnen ferner Sterne ebenso, doch ziehen andere Berufe weniger Fragen an. Vielleicht ist es der dauernde Umgang mit der Fremde, der solche Fragen provoziert, vielleicht auch die anscheinende Unbedeutendheit von Übersetzern, die freiwillig immer im Schatten der Autoren stehen. Warum dann nicht lieber selbst schreiben? Warum so etwas Zweitbestes wie die Anfertigung einer Art Kopie?

Viele dieser Fragen beruhen auf verzeihlicher Unkenntnis des nahen Umgangs mit Sprache, andere auf der weniger verzeihlichen Vorstellung einer Rangfolge von Original und Übersetzung, die in der Regel das Original der Kunst, die Übersetzung dem Können zuordnet, einem etwas dubiosen Handwerk, das nichts produziert als Worte.

Um die Frage »Schreiben oder Übersetzen« und die Bedeutung des Originals im Verhältnis zur Übersetzung wird es später gehen, vorerst sei nur festgestellt, dass die Übersetzung, um die es hier geht, weder etwas Zweitbestes ist, noch eine Kopie.

Die Übersetzung will nicht mit dem Original konkurrieren, sie will es auch nicht imitieren. Sie ist in erster Linie Ausdruck der Auseinandersetzung mit Fremde und zwar auf der menschlichsten Ebene – der Sprache. Zu dieser Auseinandersetzung führt ein weiter Weg, der fast immer mit einer Geschichte beginnt. Als Kind fragte ich einmal meinen Vater, woran man merke, ob man eine Fremdsprache ganz und gar kenne. Ich hatte gerade angefangen, Englisch zu lernen, und hoffte wahrscheinlich, dem fließenden und mir unverständlichen Italienisch meines Vaters in absehbarer Zeit mit meinem Englisch die Stirn bieten zu können. Mich beindruckte bei diesem augenscheinlichen Beherrschen der Fremdsprache nicht nur der andere Klang und die völlige Unkenntlichkeit der Namen für die Dinge, sondern auch die Veränderung in Gesichtsausdruck, Stimme und Gestik, in der mir der ganze Vater plötzlich fremd erschien. Ohne zu zögern und auch nur von der Landkarte aufzublicken, in die er gerade vertieft war – gebirgsbraune Küsten, die an verschiedenfarbige Meerestönungen stießen – sagte er: »Das weißt du dann, wenn du bei dem Wort für Blau ein ganz anderes Blau siehst als auf Deutsch und bei dem Wort für Berg einen ganz anderen Berg.« Irgendwie wird mich diese etwas vage Antwort zufriedengestellt haben, jedenfalls erinnere ich mich nicht nur daran, wie ich immer wieder erwartungsvoll die Augen schloss, um zu sehen, ob das Wort »mountain« endlich ein Bild zutage förderte, das den aus meinem Kinderzimmerfenster sichtbaren Petersberg verdrängte, und welcher Farbton mir bei »blue« erschien, sondern ich ertappte mich auch im Erwachsenenalter noch beim Spiel mit diesen beiden Prüfsteinen in verschiedenen Sprachen. Mit der Zeit wurde mir klar, dass jede Sprache eine Welt für sich ist, mit ihrem eigenen Netz der Bezüge, der Bilder, der Wertigkeiten. Und dass jedes Erlernen, jedes Sich-Aneignen einer Fremdsprache verbunden ist mit einem »Fremdsprechen« der Welt, denn mit dem neuen Namen, den man ausspricht, assoziiert sich auch ein neuer Anblick der Welt, ein neuer Aspekt der Dinge, der Farben, der Wahrnehmung von Zeit.

Die nie vergessene Antwort meines Vaters auf die unbedarft-ungeduldige Kinderfrage rührte bewusst oder unbewusst und für mich natürlich damals noch unerkannt an das Wesentliche, das jeden umtreibt, der sich mit Sprache als gestaltbarem Material befasst: Was macht den Charakter einer Sprache aus, *wie* vermittelt sie den Inhalt, *wie* nennt, bezeichnet, »meint« sie? Sprachen unterscheiden sich nicht nur in formaler Hinsicht und in Klang, Ton- und Stimmungslagen, sondern auch in so wesentlichen Dingen wie dem Umgang mit der Zeit. Sich darüber zu verständigen, was man meint, ist nicht schwer, doch das Benennen von Dingen oder Erscheinungen macht noch keine Sprache aus. Der Name ist die kleine Spitze des Eisbergs, der aus den untergründig angesammelten unzähligen Arten des Sprechens von dem bezeichneten Ding in der betreffenden Sprache besteht. Das Bemühen um ein Verständnis dieser anderen *Art* des Sprechens von etwas steht am Anfang jedes Übersetzerwegs, ein Prozess der keinen Regeln folgt, mehr im Erfahren besteht als im Erlernen, im Sich-Einlassen auf die andere Sprachwelt als im distanzierten Analysieren oder der Konzentration auf die Vermittlung von Inhalt. Man horcht auf die Wirkung des Klangs in Zusammenhang mit den Wortbedeutungen, findet allmählich eigenständige Bilder im Kopf zu den Namen der Dinge und eigene Tönungen zu den Namen der Farben. Und dann, wenn schließlich ein der fremden Sprache eigener Berg im Kopf erscheint, sobald er gerufen wird, oder das andere Blau – dann tut sich eine Kluft zwischen den Wörtern der beiden Sprachen auf, die vorübergehend jede Vermittlung unmöglich, müßig, sinnlos erscheinen lässt, weil die Unterschiede zwischen den Bildern so groß sind. Wie kann ich diesen oder jenen spitzfelsigen »mountain« zum »Berg« werden lassen, der doch gerundet und niedrig ist, und überhaupt in der anderen Sprache allenfalls ein »hill« wäre? Auf welchem Wege soll das wassergrünliche »blue« durch das abendlich dunstige, ganz leicht violett getönte »blau« wiedergegeben werden?

Als ich meinem Vater die Frage damals stellte, hatte ich eine ganz vage Vorstellung vom »Übersetzen«. Bestrebt, mir kein Wort zwischen zwei Kinderbuchdeckeln entgehen zu lassen, war ich auf unverständliche Originaltitel im Impressum gestoßen und hatte mir erklären lassen, dass das, was ich las, irgendwo in einer anderen Form existierte, auf Schwedisch, Englisch, Französisch. Diese Tatsache beschäftigte mich, die Vorstellung, dass Kinder in Schweden, England oder Frankreich von denselben Szenen in anderen, mir völlig unverständlichen Worten zum Lachen, Weinen, Fürchten gebracht wurden wie ich, war seltsam, aber auch faszinierend. Die Faszination blieb, die Fragen, die sich in ihrem Gefolge erhoben, änderten sich mit den Jahren. Eine Frage jedoch stand immer dicht unter der Oberfläche des deutschen Textes, den ich las: Wie hört sich das im Original an? Wie »fühlt« sich das an, wenn es anders klingt? Ich entzifferte die rätselhaften Originaltitel, verstand nach und nach die Worte in der einen oder anderen Sprache, erkannte Unterschiede in den Formulierungen, versuchte, ein Original neben der Übersetzung zu lesen. Aus der Frage nach dem Wie in Klang und Stimmung des Originals wurde die Frage nach dem Vorgang selbst: Was spielt sich ab, wenn man Worte und Text aus der einen Sprachwelt in die andere schiebt? Wie geht das?

Mit dieser Frage tritt man anders an Sprache heran als man es schreibend tut. Während das Interesse am Materiellen der eigenen Sprache, an ihrer Formbarkeit und ihren Möglichkeiten auch für den Schreibenden Ausgangspunkt sein können, ist für den Übersetzer der Prozess der Verwandlung das Wesentliche. Für Nicht-Zauberer ist Verwandlung ein mühsames Geschäft, und nur langsam lernt man, durch wie viele Stadien der Fremdheit man die eigene Sprache ziehen, schleifen, hieven muss, um das Ergebnis neben das Original zu stellen und ihm eine gewisse Eigenständigkeit zuzugestehen.

Es geht mir hier wie gesagt um das Übersetzen als Arbeit am Text als Sprachwerk, am Text als Textur, und nicht um die Übertragung von Inhalt. Sicher gibt es auch viele literarische Übersetzer, die von Inhalten zum Übersetzen angeregt wurden, die bestimmte Texte ihrer Aussage wegen *wichtig* finden, und ich will keinen Anspruch erheben, auf die beliebten »Warumfragen« an Übersetzer verbindliche Antworten zu geben. Doch ist der Akt des Übersetzens, diese schöpferische Geste des Hinüberhebens aus der einen Sprache in die andere, ein Vorgang, mit dem sich wahrscheinlich jeder nicht ausschließlich dem Pragmatismus der »Kulturvermittlung« verschriebene Übersetzer literarischer Texte irgendwann beschäftigt, um zu erkennen, dass er zuerst einmal die eigene, vertraute Sprache stärker zu Bewusstsein bringt, das Repertoire von Namen, Benennungen, Bezeichnungen, die in jedem Kopf eine durch Erinnerung, Erlebnis, Erfahrung andere und eigene Färbung haben und eingebettet sind in das vertraute Tempusraster zur Ordnung von Geschehen im Fluss der Zeit. Diese dem Sprecher zugewachsene Sprache muss der Übersetzer der Fremdsprache entgegenhalten, um die beiden Texturen von Original und Übersetzung in eine Harmonie zu bringen. Die Definition dieser Harmonie ist notwendigerweise subjektiv und bleibt allein dem Übersetzer überlassen und seinem Empfinden von der Zusammenstimmigkeit der Bezeichnungen, der Namen, der Klänge und der Verortung von Handlung in der Zeit.

Die Grundvoraussetzung für jede Arbeit an Übersetzung ist die Bereitschaft, sich auf eine Andersnamigkeit der Welt einzulassen und auf das damit verbundene, oft hoffnungslose Ringen um eine annähernde Kongruenz zwischen originalem und übersetztem Text. Diese Bereitschaft beruht nicht nur auf dem Interesse am anderen Klang und Namen, sondern auch an den Schattenrändern, Rissen und Klüften, die sich bei dem übersetzerischen Versuch auftun, zwei Sprachwerke zur Deckung zu bringen. Jeder Übersetzungsvorgang, der Text neben oder jenseits seiner bloßen Aussagefunktion als ein gestaltetes Material begreift, wird mit diesen Rändern, Rissen und Klüften mehr befasst sein als mit den Worten und Satzteilen, die sich einfach zu fügen scheinen, denn in den Deckungsungleichheiten, in den unvermeidlichen Divergenzen öffnet sich eine fruchtbare Welt der Infragestellung von Gegebenem, der Unterwanderung von Festgeschriebenem, der Eigenartigkeit von sprachlichem Leben.

Am Hin und Her über dieser Kluft, in der sich mit der Zeit ein fruchtbarer Bodensatz aus all den verworfenen Versuchen, den Wortschnitzen, Ansätzen, Bildern und Klängen bildet, wird man Übersetzer. Aus den Ablagerungen in dieser Kluft wächst dann etwas Neues, ein eigenes kleines Universum der Erinnerungen, Erfahrungen, Erkenntnisse, die beiden Sprachen gleichermaßen angehören, ein Universum mit seinem eigenen Blau und eigenen Berg, das nur im übersetzenden Kopf besteht. Darum mag man Übersetzer werden.

V

Die Frage der Schwierigkeit einer Deckungsgleichheit auch einfacher Aussagen in Original und Übersetzung wird wahrscheinlich die meisten Leser übersetzter Literatur befremden. Das Vertrauen auf die Austauschbarkeit der Namen ist in der Regel groß, vielleicht auch unerlässlich, um sich der Lektüre widmen zu können, wenn der Zugang zum Original versperrt ist. Je weiter man vom praktischen Umgang mit Sprache entfernt ist, desto befremdbarer ist man von Erwägungen, die die verlässliche Funktionalität von Sprache infrage stellen. Viele Leser würden sicher schulterzuckend sagen: »Table ist eben Tisch, und damit hat es sich.« Was den Tisch angeht, hätten sie ja auch durchaus recht, auch wenn der deutsche Tisch im Original manchmal ein Tischchen ist, doch zu diesen Fragen kulturspezifischer Nuancen später. Aber kann Sprache, wie sie in der Übersetzung zur Verwendung kommt, objektiv sein? Damit kommt man wieder zur

Frage des Konsens, dieser Übereinkunft, die den Inhalt betrifft, das Was des Gemeinten im Gegensatz zum Wie. Im Alltagsgebrauch von Sprache ist man sich selten darüber klar, dass fast jedes Wort, das wir im Munde führen, einen langen Weg zurückgelegt hat – durch Erinnerungen, Empfindungen, bildliche Vorstellungen, die alle an den schmächtigen Grundfesten dieser Übereinkunft, dieser vermeintlichen Objektivität rütteln, sobald es um mehr als die Verständigung über einen bloßen Inhalt geht. Als Kind wurde ich immer wieder Zeuge einer solchen Lücke in der Übereinkunft, wenn meine beiden Großmütter auf Flüsse zu sprechen kamen. Die eine hatte ihr Leben an einem großen, bedeutenden, die andere an einem kleinen unbedeutenden verbracht. Aber wer legt die Bedeutung eines Flusses fest, der das Leben bestimmt und den Heimatort durchschnitten hat, von einer Brücke überquert, die Krieg und Hochwasser zum Einsturz bringen konnten? Wenn die eine Großmutter vom kleinen Fluss beispielsweise sagte: Bei uns ist jedes Frühjahr einer im Fluss ertrunken, sagte die andere unweigerlich: Aber das ist doch kein Fluss! Das ist doch höchstens ein Flüsschen, oder ein Bach!, worauf die erste versetzte: Dein Fluss ist auch kein Fluss, sondern ein Strom. Daraus entspann sich immer wieder ein Streitgespräch über die Frage, was ein Gewässer zum Fluss, was es zum Flüsschen und was es zum Strom macht, und ganz offensichtlich konnten nicht nur ihre gedanklichen Vorstellungen sondern auch ihre Flussbilder im Kopf nicht zur Deckung gebracht werden.

Mit solchen Unstimmigkeiten zwischen den Bildern ist der Übersetzer immer konfrontiert, und daran ändert auch das Wissen um das weitgehende Vertrauen der Leser auf die Austauschbarkeit der Namen und ihre glückliche Unbehelligtheit von der Kluft zwischen den Sprachen nichts. Die Gegenwärtigkeit der Frage, ob und wie weit eine Divergenz der Bilder überwunden werden kann, prägt jeden Übersetzungsvorgang. Doch selbst bei zunehmender Einsicht in die Vergeblichkeit, die verschiedenen »Wie« des Meinens zur Deckung zu bringen, muss man sich doch erst einmal auf das »Was« einlassen und die Ebene erarbeiten, an deren Rissen und Klüften man dann weiter schürft und feilt.

Man liest einen Text mit der Aussicht oder Absicht, ihn zu übersetzen. Dieses Lesen unterscheidet sich von der Hinwendung zu einem Text, den man »nur« liest, man registriert Schwierigkeiten, nimmt Eigentümlichkeiten nicht einfach als solche hin, sondern erprobt sich schon versuchsweise daran, stimmt sich selbst auf einen Ton ein, eine Atmosphäre, man kann es auch Klima nennen oder Temperament, es gibt keinen präzisen Namen dafür. Der ganze Vorgang dieser ersten lesenden Annäherung lässt sich nicht konkret umreißen oder benennen, Übersetzer selbst werden etliche verschiedene Namen für diese Phase haben, in der sich das persönliche Verhältnis zwischen Übersetzer und Text etabliert. Auch der Übersetzer-Leser macht sich bei der Lektüre ein Bild, das – ungeachtet des kritischen Abstands, den die bevorstehende Aufgabe schafft – ganz vom Original geprägt ist. Man wird die Landschaften, die Farben, die Personen sehen, die die andere Sprache mit ihrem Klang und ihren Zwischentönen hervorbringt, man liest in und zwischen den Zeilen des Originals, was nur dieses zu bieten hat.

Bei diesem Prozess spielt natürlich auch das Verhältnis zu der jeweiligen Fremdsprache eine Rolle. Sprachen sind keine neutralen Einheiten, die man sich beliebig erwählt, um literarische Werke dieser Sprache zu übersetzen, und zum Verständnis einer Sprache braucht es mehr als das intellektuelle Erfassen einer Struktur und das Erlernen von Vokabeln. Jede Sprache – egal ob man sie freiwillig oder notgedrungen aufgesucht hat, ob sie einem durch die Umstände zugefallen sind oder ob man sie mit Absicht gewählt hat – nimmt einen eigenen Platz im Denken und Empfinden des Übersetzers ein. So wie Sprache kein bloßes Verständigungsinstrument ist, ist auch das Verhältnis dazu nicht eine Sache der Vernunft. Um übersetzen zu können, muss man auch eine Beziehung zu den

Bedingungen der jeweiligen Sprache haben, aus der man übersetzt, nicht bloße Kenntnis, sondern auch ein Gespür für die Möglichkeiten des Ausdrucks, für die Räume, die sich hinter und zwischen den Wörtern auftun, diesen doppelten Boden der Sprache, der sich durch Klang, Rhythmus, Melodie öffnet. Das alles muss dem Übersetzer »liegen«, um es ganz einfach zu sagen, und es muss ihm daran gelegen sein, seine Einsichten in diese Vielschichtigkeit zu vermitteln. Selbst ein Übersetzer, der vorsätzlich nur den Inhalt übertragen will, wird gegen diese Unterströmungen, die zum Wesen von Text gehören, nicht gefeit sein können.

Das Erlernen einer Sprache schon ist ein Prozess, der in das bisherige Verständnis der Welt des Lernenden eingreift. Es ist die – meistens friedliche – Konfrontation des Eigenen mit dem Anderen, die Herausforderung des eigenen Bergs und Blaus, des eigenen Baums und Regens durch den anderen. Die Erinnerung an den Spracherwerb verwischt sich und verblasst unter den Erinnerungen, die sich mit dem Gebrauch der Wörter verbinden, doch beides zusammen hinterlässt seine Spuren im Gedächtnis, das, meistens aus den Tiefen des Nicht-Bewussten, die Drähte der Wortgewichte zieht. Es gibt, unter diesem Gesichtspunkt betrachtet, kein »neutrales« Vokabular, wenngleich es selbstverständlich Wörter gibt, bei deren Übersetzung man kaum Spielraum hat. Ein Baum bleibt ein Baum, und ein Tisch ist ein Tisch. Aber ist Brot auch Brot? Abgesehen davon, dass in vielen Sprachen schon zwischen »Brot« als Speise schlechthin und »Laib« als dem einzelnen Brot unterschieden wird (im Englischen beispielsweise isst man »bread with the soup« – Brot zur Suppe –, aber man kauft »a loaf« und nicht »a bread«), gehören die Brot-Ikonen zu den wenigen stark kollektiv geprägten Bildern im Kopf. Diese Bilder wirken wie Interferenzen bei der Übersetzung von Worten, kleine Störsignale, die einen Konsens unterwandern. Ein deutsches dunkles Brot, rundlich und säuerlich, kann für den Muttersprachler des Englischen doch kein »loaf« sein, wenn dieses Wort für das geschnittene viereckige Weißbrot reserviert ist, ein französisches Stangenweißbrot wird nicht vor dem inneren Auge erscheinen, wenn ein mit dem deutschen Brotbild aufgewachsener Sprecher »pain« als »Brot« übersetzt. Liegt es an der Symbolkraft, mit der »Brot« ausgestattet ist, an der jahrhundertelangen Überlieferung von Brot als geheiligtem Inbegriff von Speise (im Christentum ist es Träger der göttlichen Botschaft, im Judentum ist es nur nach dem Verzehr von Brot Pflicht, das Dankgebet nach dem Essen zu sagen, in vielen europäischen Kulturen gilt es als »Sünde« und Unglücksbringer, Brot wegzuwerfen), dass das Fremdsprechen von Brot so schwierig wirkt? Eine kleine persönliche Geschichte zur Illustration des Spannungsfeldes um Bild und Namen von »Brot«: Als ich vor vielen Jahren zum ersten Mal in Ungarn war, lernte ich beim Brotkauf das Wort »kenyér« für Brot. Ich liebte dieses Wort und freute mich über jede Gelegenheit, es anzubringen. Die Brote, die ich an einem Stand auf dem balkanischen Markt des Hunyadi tér im 6. Bezirk von Budapest kaufte, waren längliche, dunkle glänzende Roggenbrote mit kreisförmigen Rillen in der Kruste. Nach Jahren, in denen sich in meinem Leben das englische »loaf« etabliert hatte, war das ein großes Glück. Als meine Tochter zu Besuch kam und das Brot mit dem Ausruf »Oh, German bread!« quittierte, war ich anfangs empört, weil es sich ja schließlich um ein Produkt dieses faszinierenden Halb-Balkans Budapest handelte, aber dann wurde mir klar, dass ich den Namen (kenyér) liebte, weil mich die Eigenschaften des damit Bezeichneten an meine Kindheit erinnerten. Die Verbindung von Erinnerungen – an Geschmack und Konsistenz – und Fremde – die »Balkanik« Budapests in den neunziger Jahren – hatten »kenyér« zu einem neuen Inbegriff gemacht, einem Namen, den ich so mit Gefühlen und Erwartungen ausgestattet hatte, dass er zum Träger einer eigenen kleinen Welt wurde. Als ich Jahre später in Ungarn lebte und die Sprache lernte, fiel es mir schwer, das fade Weißbrot, das überall die dunklen Brote verdrängt hatte, als »kenyér« zu bezeichnen.

Soviel zur Befrachtbarkeit von Namen und die Folgen, die es für unsere Wahrnehmung und die emotionale Plazierung eines Wortes in unserem Vokabular hat. Doch sei's wie es sei – ein Konsens, die Verständigung kann erzielt werden, solange es um die meisten »Namen« geht, der Grad der Divergenz im »Wie« liegt im Auge des Betrachters und Übersetzers.

Der leichte Weg zum Konsens bei der Übersetzung von Dingen, über deren Funktion und Rolle vordergründige Einigkeit herrscht, ist übrigens keineswegs ein Hinweis auf die leichte Übersetzbarkeit eines Textes, der sich eines solchen »schlichten«, also unraffinierten, unnuancierten Vokabulars bedient. Die Wucht der einfachen Wörter ist nicht zu unterschätzen. Je einfacher die Wörter sind, je schmuckloser der Stil, je weniger jeder Name von Attributen überlagert ist, desto mehr Raum wird jedem Wort als Klang und als Bild zugestanden, desto mehr Bedeutung hat die Satzstellung, und desto deutlicher kann die Divergenz zwischen den Worträumen in den beiden Sprachen hervortreten.

Etwas dünner wird das Eis der Übereinkunft bei den Bezeichnungen des »Wie« eines Dings, die so unmittelbar an die Sinne appellieren. Wie übersetzt sich ein mit gleißendem Sonnenlicht und hitzegetränkten Mauern assoziiertes Weiß in eine Sprache, in der Weiß vor allem als Farbe der Kälte gilt und mit Schnee und

Eis verbunden ist? Natürlich stehen Adjektive dieser Art in der Regel nicht isoliert im Text sondern sind in Szene gesetzt, der Kontext definiert die Hitze oder Kälte mit, doch je weniger klärendes Beiwerk vorhanden ist, desto stärker bewirkt das Wort die vertraute Assoziation. Man kann sich einen Text denken, der ohne konkrete geographische Bezüge und ohne eine einzige Erwähnung von Wärme oder Kälte in einer Landschaft spielt, die einfach »weiß« und »grell« ist. Der Autor setzt seine Bedingungen voraus, die Weiß mit Hitze gleichsetzen. Nimmt der Übersetzer nun in Kauf, dass seine Leser dieses Weiß in Ermangelung qualifizierenden Zubehörs als Kälte interpretieren? Greift er ein – bewusst oder unbewusst –, indem er Markierungen einbaut, die Worte aus der »kalten« Sprache in eine »heiße« Richtung lenkt? Führt für ihn das Fremdsprechen zu weit in die Fremde der eigenen Sprache gegenüber dem Original, wenn er die in Kenntnis des Originals empfundenen Vorstellungen in seiner Übersetzung nicht vermittelt weiß?

Und wie geht man mit Farbbezeichnungen um, die symbolische Funktion haben? Wie übersetzt man die »blaue Blume« aus dem Deutschen in eine Sprache, in der etwa eine rote Blume, deren Farbe an einen ganz anderen kulturhistorischen Kontext gebunden ist, die gleiche Funktion erfüllt? Belässt man sie blau als einen allerdings nur mittelbar verständlichen Hinweis auf die deutsche Romantik, oder soll sie in der anderen Sprache rot sein, um ihre Funktion unmittelbar eindeutig werden zu lassen?

Der Bereich der Farbbezeichnungen ist einer der heikelsten in der Übersetzung, vor allem ins Deutsche, das über eine so bescheidene Palette gängiger Namen für Farben verfügt. Im Polnischen gibt es kein Wort für »Blau« schlechthin, sondern hellblau (»niebieski« – eigentlich »himmelblau«) und dunkelblau (granatowy). Die Präfigierung mit hell oder dunkel ist nicht nur umständlich, sondern entkräftet ein Wort auch, doch nur »Blau« verfremdet oft die Intention des Originals. Im Dunkel eines Schuppens erscheint das Schimmern der Schneide einer Sense im Polnischen »niebieski«, also hellblau, doch im Deutschen klingt diese Farbbezeichnung zu »sanft« für ein kalt-bedrohliches Sensenschimmern, während »Blau« im Zusammenhang eines ganz konventionell formulierten Textes schon ein unzulässiger Abstecher ins Expressionistische wäre. Was Farben angeht, kann man lange in den Benjaminschen Bergwald der Originalsprache hineinrufen, bis ein leises Echo zurückkommt, dass beispielsweise im beschriebenen Fall unentschlossen »grau« flüstert oder »bläulich«, aber beides hat nicht die Qualität dieses aufblitzenden »Himmelblau«. Die Gestaltung einer solchen Stelle wird schließlich ganz und gar vom »Gefühl« des Übersetzers für die betreffende Textsituation abhängen. Für den Übersetzer kann ein solches intuitives Sich-Überlassen an eine Beschreibung die fruchtbarste, aber auch die fruchtloseste Erfahrung sein, je nachdem, wie sich die Lösung in das Gesamtbild fügt. Wem darf fremder gesprochen sein – dem Übersetzer oder dem Autor? Das alles sind keine theoretischen Spielereien, sondern Fragen, mit denen sich der Übersetzer ständig beschäftigen muss, an denen er seinen Umgang mit der Sprache definiert.

Verlässt man den Bereich der Namen und Attribute, den Raum des bezeichnenden Vokabulars, und gelangt auf die Ebene der sprachordnenden Strukturen, tun sich größere Divergenzen auf und stellen sich Inkompatibilitäten heraus, die sich in der Übersetzung gelegentlich nicht auflösen lassen. Der Umgang mit Zeit, das Verhältnis der grammatischen Kategorien untereinander, die Dichte grammatischer Strukturen oder ihre Auflösung, morphologische Flexibilität oder deren Mangel – das alles beeinflusst die in Sprachgebilden reflektierte Wahrnehmung der Welt. Übersetzungen sind schwierig, wenn sie zwischen einer morphologisch besonders flexiblen Sprache mit kleinem Bestand an Wortstämmen und komprimierter Vielschichtigkeit – wie Ungarisch – und einer morphologisch unflexiblen Sprache – wie Englisch – geschehen, in der Vielschichtigkeit durch lexikalischen Reichtum erzielt wird. Die Gestaltungsmittel der einzelnen Sprachen sind unterschiedlich kompatibel und übersetzbar. In den slavischen Sprachen zum Beispiel trägt das Präteritum Endungen, die sich nach Numerus und Genus richten. Denkbar wäre also ein Text, der durchgehend in der 1. Person im Präteritum erzählt ist, wobei die grammatische Kennzeichnung der einzige Hinweis auf das Geschlecht des Icherzählers oder der Icherzähler wäre. Für jeden Leser des Originals ist der Erzähler sofort entsprechend markiert: Hier spricht eine Frau/ein Mann, der Leser blickt durch die Augen des Erzählers unter diesem Vorzeichen, das unweigerlich die Rezeption prägt, ob man es will oder nicht. Während in den romanischen Sprachen Adjektiv- und Partizipendungen Aufschluss über dieses Erzählermerkmal geben können, ist das im Deutschen und Englischen (sowie auch im Ungarischen, das überhaupt kein grammatisches Geschlecht kennt) unmöglich. Der Leser bleibt im Dunkeln über das Geschlecht des Erzählers, wenn sich aus dem Kontext kein Hinweis konstruieren lässt, wird sich also aufgrund des Textes ein ganz anderes Bild machen als der Leser des Originals. Umgekehrt ist ein Text auf Deutsch, Englisch, Ungarisch denkbar, der den Leser absichtlich im Dunkeln lässt, was das Geschlecht des Icherzählers betrifft, doch dieser Handgriff lässt sich nicht in eine slavische Sprache übertragen, der Übersetzer muss sich hier entscheiden, welche Stellung er bezieht. Wie und wie weit greift man ein, wenn eine Rücksprache mit dem Autor nicht möglich ist? Und wie wiederum wirkt sich die Rücksprache mit dem Autor auf den Übersetzungsvorgang aus? Maßt sich der Übersetzer etwas an, wenn er eigenmächtig Lösungen findet, die man als Alternativen bezeichnen könnte? Die das Wesen des Textes – so wie es vom Autor beabsichtigt ist – verändern, weil man sich entscheiden muss zwischen Lücke oder Lückenbüßer? Beides würde gleichermaßen in die Gestalt des Originals eingreifen, andererseits aber wäre die Übertragung des Textes in eine andere Sprache, also die gesamte Existenz der fremdsprachigen Version, dieses Benjaminschen »Echos« aus dem Bergwald der Originalsprache, ohne einen solchen Eingriff undenkbar. Diese Fragen rühren tief an das Verständnis von der Aufgabe des Übersetzers, aber auch von der Rolle und Bedeutung des Originals. Die Absicht des Autors – sieht man vom Handlungsinhalt ab, der als das »Was des Gemeinten« für meine Überlegungen hier in den Hintergrund treten soll – manifestiert sich in Sprache, nicht nur in den gewählten Namen für die Dinge, Zustände, Handlungen, Eigenschaften und dergleichen, sondern auch in der Form, die er diesen Namen verleiht. Wenn diese Form in der Übersetzungssprache unhaltbar ist, wird die Übersetzung als

Sprachwerk fragwürdig. Wenn wir bei dem Beispiel von der Handhabung des Genus des Erzählers bleiben, muss der Übersetzer im ersten Fall das Offenbare verschweigen oder hinzudichten, im zweiten Fall das Verschwiegene offenbaren. Auch die eventuelle vom Autor ausgesprochene Genehmigung für einen Eingriff kann da wenig Abhilfe schaffen, denn auch ein autorisierter Eingriff ist ein Abstecher in eine Funktion, die der Übersetzer nicht hat. Insgesamt ist die Rücksprache mit dem Autor eine zweifelhafte Maßnahme, wenn es sich nicht gerade um »Sachfragen« oder um die Klärung von Fehlern und Irrtümern seitens des Autors handelt. Was hilft ein Autorenkommentar zum »Wie« des Gemeinten, wenn sich dieses nicht unmittelbar erschließt? Woher weiß der Übersetzer, ob der Autor eine bestimmte Stelle jetzt, vielleicht schon Jahre nach Abschluss des Textes, immer noch »so« meint wie damals, im Kontext seines Kunstwerks? Sprache ist in einer steten Bewegung und Entwicklung, individuell wie kollektiv, und ein bestimmtes Wort, eine Wendung, sogar die Wahl von Tempus oder Modus kann außerhalb des abgeschlossenen Schaffensprozesses auch im Kopf des Urhebers eine ganz andere Wertigkeit angenommen haben. Die Verpflichtung besteht gegenüber dem Text und nicht gegenüber dem Autor, gegenüber der vom Autor mit dem Text ausgedrückten Absicht und nicht gegenüber einer eventuellen nachträglichen Meinung des Autors zu seinem Text. Ein schwieriges Feld. Für viele Übersetzer gehört die Klärung von Fragen mit dem Autor, überhaupt der Kontakt mit dem Autor zu den Selbstverständlichkeiten ihrer Arbeit. Mich hingegen interessiert die Übersetzung als Ergebnis eines persönlichen Dialogs mit der Fremde, die der fremdsprachige Text darstellt, als Ausdruck der Wahrnehmung dieses Textes und der Umsetzung dieser Wahrnehmung in die Übersetzungssprache, ohne je Anspruch auf eine Alleingültigkeit erheben zu können. Doch damit dieser Prozess überhaupt stattfinden kann, muss der Autor »loslassen«, er muss hinnehmen, dass sein Werk auf eine bestimmte, subjektive, außerhalb seines Einflusses liegende Art und Weise übersetzt wird. Dann wiederum hat die Übersetzung – als eine von undefinierbar vielen potenziellen Varianten – den Anspruch, als eigenes Werk anerkannt zu werden.

VI

Sprache ist die größte Ordnungsstifterin im Leben des Menschen aber auch die größte Anstifterin von Unordnung, wenn die Übereinkunft über die Bezüge des sprachlichen Koordinatensystems unterwandert wird oder aus den Fugen gerät. Die ganze Verlässlichkeit der Welt des Benannten ist verankert in den festgelegten Zusammenhängen von Subjekt, Objekt und Handlung. Dieses Koordinatensystem, nach dem der Mensch alle Wahrnehmung und Erfahrung organisiert, betrifft weniger die Dinge – über die man sich notfalls sogar ohne Worte verständigen könnte – als die Anordnung von Handlung und Geschehen in Raum und Zeit. Das lineare Konzept von Zeit und die damit verbundene sprachliche Regelung der Ordnung von Vor- Gleich- und Nachzeitigkeit prägen die Wahrnehmung der Welt genauso wie die räumliche Einteilung in oben, unten, rechts und links. Jede schriftliche Äußerung, mit der wir umgehen, basiert auf der Annahme eines Jetzt und Hier, auf das sich Handelndes, Handlung und das, dem Handlung widerfährt, auf die den einzelnen Sprachen eigene Art und Weise beziehen.

Innerhalb dieser festgelegten Ordnungsachsen ereignet sich der Text, dessen »Wie« von der Art der Ausnutzung der Freiheiten bestimmt wird, die zwischen den starren Trägern des Koordinatensystems möglich sind.

Dieses »Wie«, der Umgang mit den Freiheiten der Sprache, ist der Stil, mit dem der Übersetzer dann in erster Linie befasst sein wird – mit Satzgestaltung, Wortwahl, Tempus. Jeder Text fordert Entscheidungen vom Übersetzer. Weder Wörter noch syntaktische Strukturen noch die grammatischen Zeiten sind eindeutig in dem Sinne, dass sie nur eine Variante zulassen. Die Entscheidung für die jeweilige Variante ist bestimmt vom Verständnis des Übersetzers für den jeweiligen Stil. Bei den Wörtern kann er sich auf Schritt und Tritt entscheiden – man hat fast immer mehrere Wörter zur Auswahl und wird oft sogar zu einer ganz anderen Lösung greifen, als sie das Wörterbuch vorsieht. Die Klanggestalt eines Wortes wird wichtig sein, seine Stilebene, die Platzierbarkeit im Satzgefüge. Geht man »an den Fluss«, geht man »zum« Fluss? Wandert man, läuft man, ist es ein Fluss oder ein Strom?

Kleinigkeiten wie diese sind für Klang und Rhythmus ebenso wesentlich wie für Stilebene und Ton.

Nehmen wir einen ganz einfachen Satz wie diesen:

I walked to the river yesterday

Außer dem Subjekt gibt es für jeden einzelnen Satzteil eine oder mehrere Varianten. Abgesehen von den Namen, die zur Verfügung stehen (gehen/spazieren/zu Fuß gehen und Fluss/Strom), hat man die Wahl zwischen den Präpositionen zu und an und zwischen der Stellung der adverbialen Bestimmung (gestern) vor oder nach dem Verb. Da die grammatischen Vergangenheitszeiten im Deutschen anders eingesetzt werden als im Englischen, kann sich der Übersetzer zwischen Imperfekt und Perfekt entscheiden. Selbst wenn man die Variante mit »Strom« außer acht lässt, kommt man auf folgende Möglichkeiten:

Ich ging gestern zum/an den Fluss
Gestern ging ich zum/an den Fluss
Ich bin gestern zum/ an den Fluss gegangen
Gestern bin ich zum/ an den Fluss gegangen
Gestern bin ich zu Fuß zum / an den Fluss gegangen
Ich bin gestern zu Fuß zum/ an den Fluss gegangen
Gestern bin ich zum Fluss spaziert
Ich bin gestern zum Fluss spaziert

Ich spazierte gestern zum Fluss
Gestern spazierte ich zum Fluss

Der ebenso einfache Satz:

I've walked to the river now

wiederum bietet nur wenige Übersetzungsvarianten:

Ich bin jetzt zum/an den Fluss gegangen
(mit Betonung auf die kurz zurückliegende Handlung)
Ich bin jetzt (zu Fuß) zum Fluss gegangen
(mit Betonung auf dem Gehen als Vorgang)

Natürlich ist keine Entscheidung für eine Variante willkürlich. Auch jemand, der noch nie übersetzt hat, wird sich beim Anblick der einzelnen Möglichkeiten unterschiedliche Situationen denken können und vielleicht sogar bemerken, dass die Kenntnis der Situation für die Übersetzung des zweiten Satzes wichtiger ist als im ersten Fall. Die Wahl einer Variante beruht zum Teil auf dem ablesbaren Kontext wie Stilebene, Situation und historischer Zeit, in der ein Text angesiedelt ist, doch zu einem großen Teil auch auf der Intuition des Übersetzers, auf seiner Sicht einer Situation: Liegt die Betonung auf dem Zeitpunkt?

Auf der Art der Fortbewegung? Wie empfindet der Übersetzer das Verhältnis der Sprechenden zum Angesprochenen?

Auf diese *Empfindung* des Übersetzers muss sich der Leser wohl oder übel verlassen, denn sie ist für die Tonlage zuständiger als jede sprachliche Analyse. Ist ein pathetischer Beiklang bewegend, hohl oder ironisch? Wo wendet sich Widerspenstigkeit zu Furcht, wo zu zornigem Trotz? Ist ein Ausdruck der Bewunderung ein Zeichen von Achtung oder Schmeichelei? Nuancen dieser Art finden auch in syntaktischen Mitteln ihren Ausdruck, die ebenso wenig eindeutig sein können wie das Vokabular. Der Übersetzer gestaltet sie so, wie sie ihm als Echo aus dem Original zukommen, sie sind Ausdruck seiner Art den Text zu lesen, zu hören, zu verstehen. Voraussetzung dieses Verstehens ist auch die Einsicht in die jeder Sprache eigenen Funktionen der grammatischen Zeiten, die zwar alle auf der linearen Schiene der Zeitrechnung angeordnet sind, doch in deren Handhabung sich die Verschiedenheit der Sprachen und Kulturen im Verhältnis zur Zeit als Dimension manifestiert. Nichts kennzeichnet die einzelnen Sprachen so sehr wie der Umgang mit dem Verb, dem »Zeitwort«, vor allem im Hinblick auf zurückliegendes Geschehen, auf die *Geschichte*. Die Unterschiede liegen nicht nur in den Regeln für die Anwendung der grammatischen Zeiten sondern auch in der Betrachtung der Rolle des Verbs und des »Wie« eines Geschehens. In manchen Sprachen gibt es die Verbalaspekte der vollendeten und unvollendeten Handlung, die weniger die Einordnung auf einem Zeitstrang betonen als die Frage, ob eine Handlung abgeschlossen ist oder nicht, ob sie einem bestimmten oder unbestimmten Objekt gilt und gewiss oder ungewiss ist. In anderen Sprachen sind Vergangenheitsformen vom historischen Präteritum für weit zurückliegendes Geschehen bis zum Perfekt nach ihrem Bezug auf die Gegenwart gestaffelt, es gibt grammatische Zeiten und Affigierungen, die nur mittels des Verbs Plötzlichkeit und Abgeschlossenheit in der Vergangenheit oder Dauer und Unabgeschlossenheit einer Handlung bezeichnen, die Häufigkeit oder Gleichzeitigkeit und Vor/Nachzeitigkeit verschiedener Handlungen implizieren oder den Verlauf einer Handlung in den Vordergrund stellen. Viele dieser Eigenheiten können nur mittelbar übersetzt werden, beispielsweise durch einen erklärenden Zusatz wie »plötzlich«, »immer wieder« oder »länger«. Solche vermittelnden Zusätze greifen in die Gestalt eines Textes ein, indem sie Implizites des Originals in der Übersetzung explizieren. Die Verwendung des Tempus allein zur Bezeichnung des Abgeschlossenen, Zurückliegenden einer Handlung, wie das Passé simple im Französischen, oder auch der Einsatz von zwei Tempora, die, gegeneinander abgesetzt, zwei gleichzeitige Handlungsebenen einer Erzählung – gleichsam Vorder- und Hintergrund – zum Ausdruck bringen, sind Mittel, die ohne lexikalische Erläuterung Tiefe und Raum schaffen und eine Dynamik ausstrahlen, die bei der Übertragung in eine Sprache ohne solche impliziten Möglichkeiten verloren geht. Ähnlich ist es mit der Fähigkeit der slavischen Sprachen, durch die Verbalaspekte und Affigierungen in einem einzigen Wort Nuancen in Handlungsabläufen auszudrücken – Wiederholung, Häufigkeit, Zögern, Abruptheit oder Langsamkeit –, die bei der Übersetzung in Sprachen mit einem nur über Tempora differenzierten Verhältnis von Handlung und Zeit längere Umschreibungen verlangen, die den dichten Witz solcher Minimalkonstruktionen unterwandern. Jede sprachliche Möglichkeit prägt die Wahrnehmung, die Sicht der Welt und des Menschen in der Welt auf eine Art und Weise, die sich höchstens ansatzweise erklären, aber nicht direkt vermitteln lassen kann. Diese Unvereinbarkeiten lassen sich auch nicht verhandeln, es gibt keine Annäherung zwischen den »Zeitsystemen«, jeder Versuch, die grammatischen Zeitverhältnisse einer fremden Sprache nachzuempfinden, würde zu einer Verfremdung des Textes in der Übersetzung führen, die dem Original nicht mehr gerecht würde. Einerseits liegt es also auf der Hand, dass das Original mit der Übersetzung nicht nur in eine andere Welt der Namen, sondern auch in eine andere Sicht und Ordnung, ein anderes Verständnis der Zeit eintritt, doch andererseits rührt die Frage des Umgangs mit der Zeit doch an Kernfragen von Übersetzung und Übersetzbarkeit. Was ist an einem Text übersetzbar, was bleibt in der Übersetzung als Fremde erhalten? Wie fremd wird die Übersetzung schließlich dem Original?

Natürlich gibt es keinen Gradmesser für die Übersetzbarkeit eines Textes oder sogar allgemein einer Sprache in die andere. Zwischen allen Sprachen gibt es Inkompatibilitäten, ja gelegentlich sogar Unvereinbarkeiten, die ich als Unversöhnlichkeiten bezeichnen würde. »Produktive« Sprachen mit ihren unerschöpflichen morphologischen Improvisations- und Verwandlungsfähigkeiten vertragen sich schlecht mit morphologisch unflexiblen Sprachen mit großem Wortschatz, und je mehr ein Text diese speziellen Eigenarten seiner Sprache ausschöpft, desto schwieriger wird die Übertragung, aber auch desto fruchtloser, denn selbst wenn man die Mittel irgendwie aufzubieten imstande ist, kann das, was hier leichtfüßig ist, dort klumpfüßig werden. Die produktive, flexible Sprache ist da immer in der besseren Position als die unproduktive (es gibt hervorragende Übersetzungen aus dem Englischen ins Polnische aber kaum in die andere Richtung, weil die Flexibilität der slavischen Sprache den Mangel an Wortschatz leichter ausgleichen kann als der Wortschatz den Mangel an Flexibilität), und es hat sogar den Anschein, dass die produktive, flexible Muttersprache ihre Sprecher auf ein tieferes und weitergehendes Verständnis für die Möglichkeiten nicht-lexikalischer Mittel hin konditioniert. Die Findigkeit im Ausschöpfen sprachlicher Möglichkeiten allerdings gewährleistet noch keine überzeugende Übersetzung. Slavische Sprachen und auch das Ungarische verfügen über ein riesiges vulgärsprachliches Fluch- und Schimpfvokabular einerseits und über einen fast ebenso umfangreichen Bestand an Kosewörtern. Selbst wenn es einem Übersetzer ins Deutsche oder Englische gelänge, je ein gutes Dutzend Schimpf- und Koseworte der eigenen Sprache ausfindig zu machen – sie würden ihrer Ungeläufigkeit wegen wie Stolpersteine im Text stecken und nichts von dem Witz und der emotionalen Temperatur des Originals vermitteln. Das allerdings macht einen Text als Ganzes noch nicht unübersetzbar, notfalls können diese Titulierungen ausgelassen werden oder man beschränkt sich auf den kleinen gängigen Vorrat der Übersetzungssprache. Tatsächliche Unübersetzbarkeit, das völlige Ausbleiben eines Echos aus dem Bergwald, ist – außer in der Lyrik – eher ein Extremfall, der eintreten kann, wenn die Schichten aus Subtext zu dicht oder zu zahlreich sind, und die Oberfläche, die sich zur Übersetzung bietet, nur ein seltsam gewölbtes Dach über unzugänglichen unterirdischen Geschossen bildet. Jeder Text ist ein Gebäude mit Fenstern, Türen, Wänden, Dach und auch unterirdischen Gemächern, und der Übersetzer muss das Original als ein solches Sprachgebilde oder Sprachgebäude begreifen und seine Dimensionen erfassen, um dann mit den Mitteln seiner Sprache, mit seinen Mitteln des Bildens und Bauens den Text zur *Geltung* zu bringen. Als *Geltung* kann man das Maß bezeichnen, in dem die Übersetzung als Gestaltung des vom Original vermittelten Inhalts in diese neue Sprache eingehen, Bestandteil und Bezugspunkt des literarischen Kontextes der Übersetzungssprache werden kann. Es ist ein Fehler anzunehmen, dass alle Fremdheit beseitigt werden muss, um dieses Sprachgebäude der Übersetzung für den Leser betretbar zu machen. Natürlich bleiben die Namen von Orten und Menschen, die dem Leser sagen: Wir sind aus einer anderen Gegend. Daneben gibt es die unverfänglichen Platzhalter des Anderen wie Maßeinheiten – die russischen Werst und die englischen oder schwedischen Meilen –, denen auch das Bleiben gestattet ist, doch auch fragwürdige Fremdlichkeiten wie »pub« oder »diner«, die als angebliche Garanten von Lokalkolorit etwas von abgenutzten Requisiten aus anderen Medien haben. Ist das schon genug Fremde im Eigenen?

Die Frage, wie viel Bodensatz der Fremde in einer Übersetzung bleiben darf, wird selten gestellt. Einig ist man sich allgemein, dass das Urteil »Hört sich gar nicht übersetzt an!« als höchstes Lob zu verstehen ist. Sollte das wirklich so sein, dass die Illusion der »Hiesigkeit« eine Garantie für Qualität ist? Und würde das nicht auch bedeuten, dass sich ein übersetzter Text seinem Original so weit entfremdet hat, dass das Echo in keiner Verbindung mehr zu dem Bergwald steht, aus dem es dem rufenden Übersetzer zugekommen ist? Es dürfte doch auch kein Kompliment für den Übersetzer sein, wenn seine Auseinandersetzung mit Sprache und Fremde darin gipfelt, dass nichts mehr von diesem Prozess zu erkennen ist. Ich plädiere immer für ein gutes Stück Fremde. Zum Beispiel für die direkte Übersetzung idiomatischer Redensarten anstatt der bemühten Suche nach einem in der Übersetzungssprache verankerten Äquivalent. Im Polnischen knurrt der Magen, indem »die Gedärme einem einen Marsch spielen«, im Englischen ist der Tropfen, der das Fass zum Überlaufen bringt, »the straw that broke the camel's back« – der letzte Strohhalm, der noch gefehlt hat, um das Lasttier zusammenbrechen zu lassen –, im Französischen (und Russischen) ist die abendliche Dämmerung die Stunde »zwischen Hund und Wolf«. Alle drei Beispiele zeugen von einer der jeweiligen Sprache eigenen Bildwelt und Poesie, die der Übersetzer unbeschadet über die Kluft der Divergenzen retten und in seiner Übersetzung weiterleben lassen kann – zum Gewinn der »Gastsprache« des Textes. Als solche sollte sich jede Übersetzungssprache fühlen und das, was der Text aus seinem Original an fremden – nicht befremdenden – Bildern und Wendungen als Zeichen seiner Herkunft einbringen kann, als Gastgeschenk im Kontext des jeweiligen Textes annehmen.

Ein anderes und größeres Problem stellen Idiosynkrasien dar, die in der Übersetzungssprache mit Misstrauen betrachtet werden. Zwischen den genannten ordnungsstiftenden Achsen der Sprache verlaufen unzählige weitere mehr oder weniger sichtbare Linien der sprachlichen Konventionen, die das kollektive »Wie des Meinens« erläutern, wie zum Beispiel die Zuordnung von Farben, Geräuschen, Eigenschaften und Bewegungen zu bestimmten Gegenständen, Erscheinungen, Handlungen. Je weiter sich ein Stil von diesen Konventionsgeländern entfernt, desto schwieriger wird die Vermittlung von Inhalt – und die Übersetzung. Je »privater« die Sprache eines Textes, je geringer sie um Konsens und die damit verbundenen Erwartungen bemüht ist, desto stärker ist der Übersetzer auf seine ganz eigene Lesart angewiesen, die Zuverlässigkeit einer Aussage erscheint in der Übersetzung bei einer konventionellen Kombination von Wörtern – kalter Wind, reißender Fluss, gellendes Lachen – größer als bei einer unkonventionellen Aussage wie lila Wind, bissiger Fluss oder wolkiges Lachen. Die Zugänglichkeit einer Übersetzung beruht auf der Nachvollziehbarkeit des »Echos aus dem Bergwald«, und so aufrichtig der Übersetzer auch sein schwierig erlauschtes Echo in seine Sprache umgesetzt haben mag, er bleibt unter Umständen sehr allein damit. Die Idiosynkrasien eines Autors dienen weniger als Prüfstein für eine Übersetzung als für die kollektive Achtung der Leserschaft gegenüber dem Übersetzer. Man will dem Übersetzer nur soweit trauen, wie es Gepflogenheiten erlauben, und was von den Gepflogenheiten abweicht, wird schnell der Übersetzung angekreidet. Selbst Lektoren, die obersten Richter des *kommillfoh* der Literatursprache, urteilen gern: Das kann man auf Deutsch so nicht sagen – ungeachtet des Umstands, dass man es in der Originalsprache auch »so« nicht sagen kann. Weder das Misstrauen noch die Dudengläubigkeit der Lektoren zeugen von Verständnis für Arbeit und Aufgabe des Übersetzers, für seine Pflicht gegenüber dem Original. Dennoch lohnt es sich allgemein im Hinblick auf Übersetzungen der sogenannten »schwierigen« gepflogenheitsfeindlichen Autoren zu fragen: Wie viel nachgestaltete Fremdheit verträgt ein Text? Wo verläuft die zulässige Grenze der Texttreue, wenn es um die Umsetzung sprachlicher Eigentümlichkeiten geht, wo beginnt die Unübersetzbarkeit, zu verstehen in dem Sinne, dass die Übersetzung als sprachliches Gebilde keine Wirkung entfalten kann? Das ist vielleicht die schwierigste Frage, der sich ein Übersetzer zu stellen hat, vor allem, wenn ihn gerade die Eigentümlichkeit reizt, die Fremde in der Fremde, der unorthodoxe Umgang mit den Mitteln der Sprache, an dem er seine eigene Sprache ausloten kann. Man kann diese Frage nicht lösen, indem man das gegen den Strich Gebürstete glättet, andererseits ist das Nachempfindenwollen des unterwandernden Verfremdungsimpulses eines Dichters schon an sich ein Paradox: Da die Bedingungen der Übersetzungssprache ganz andere sind, wird dem Übersetzer hier im Bruch mit seiner Rolle die Verantwortung für eine Autorenentscheidung zugewiesen – nämlich darüber, was an seiner Sprache zu unterwandern wäre – obwohl ihm die Wucht des Impulses des Autors zwangsläufig fehlt, da er ja im Dialog mit dem Originalwerk mit der nachschaffenden und nicht mit der schaffenden Geste befasst ist. Selbst wenn das Ergebnis den Leser überzeugen sollte, zieht sich an dieser Frage der Fremde in der Fremde eine ethische Grenze der Übersetzbarkeit: Der Übersetzer sollte sich nicht auf dieses Gebiet der Eigenmächtigkeit begeben. Ich plädiere in solchen Fällen lieber für Unübersetzbarkeit.

Entweder ich schaffe etwas aus geborgtem Impuls, oder ich finde den Ansatz für einen eigenen Impuls, dessen Ergebnis ich aber dann nicht in einer Übersetzung sehen möchte. Das wäre wie ein Fremdsprechen wider mich selbst.

VII

An einem brütendheißen ungarischen Sommertag sitze ich mit Paul im dämmrigen Siestazimmer. Es ist still draußen, ab und zu der seufzende Liebeslaut einer Kröte am Teich, Zikaden im Gras, die Straße ist ausgestorben. Paul, der fast vier ist, und ich, wir haben ein Siestaspiel an diesem Tag, das »Wie-heißt-das-auf-Ungarisch«-Spiel. Was heißt Bett, Stuhl, Schuh, Katze, Kröte auf Ungarisch? Ich sage das Wort, er wiederholt es. Fragt weiter. Und das? Und das? Und das? Dann springt er auf, legt die Hände an den Schrank und fragt: Was heißt Schrank? – Szekrény. – Sekrehn! Er steht am Schrank, streicht mit den Händen über das weiche Holz und sagt mehrere Male »Sekrehn«. Ich sehe förmlich, wie dieser Augenblick in seiner Erinnerung Platz nimmt. Vielleicht kleine Wurzeln bildet. Ein Augenblick aus dem Laut dieses Worts, der Struktur des hellen Holzes, das sich den dünnhäutigen Fingerkuppen einprägt, aus dem Sommergeruch nach Staub, Aprikosen, Geranien, dem trockenen Schrillen der Zikaden, das alles kommt zusammen, versammelt sich für Pauls Immer und Alle Zeit hinter dem Bild eines hellen Schrankes, oder hinter dem Klang »sekrehn« oder … die Variationen sind endlos. Mir kommen Erinnerungen an Eindrücke der ungeliebten Siesta-Stunden in meiner eigenen Kindheit, an Geräusche, Gerüche, die Lichtstreifen, die durch die Läden fielen, Erinnerungen, die scheinbar grundlos mit anderen Bruchstücken der Vergangenheit verwoben auftauchen und wieder absinken. Pauls szekrény-Moment kann alle möglichen Formen annehmen, niemand wird je wissen, welche Ordnung in seinem Kopf bestimmt, was bei dem Wort Schrank, dem Klang »Sekrehn«, dem Liebesquaken einer Kröte oder bestimmten ungarischen Sommergerüchen heraufbeschworen wird. Die Erinnerung und ihre Regeln – anders in jedem Kopf – bleiben die größten Geheimnisse. Welche Klänge, Wörter, Bilder rufen welche Assoziationen auf – und warum? Wie werden diese unsichtbaren Fäden gezogen, die das eine mit dem anderen verbinden, die Türen, Fenster, Luken in Decke und Boden im Innern des Kopfes öffnen und Sekundenbruchteile lang Blicke auf Szenen aus der Vergangenheit – Erinnerungen oder Träume? – zulassen. Dieses Wunder der sich wie durch einen verborgenen Mechanismus öffnenden und schließenden

Perspektiven im Kopf erscheint mir nie so intensiv wie während des Vorgang des Übersetzens. Von meinen ersten übersetzerischen Arbeiten an kam es mir vor, als tue sich mir durch diesen zwischen den beiden Sprachen entstandenen Raum, zwischen den mit den Wörtern verbundenen Bildern, zwischen den oft so unvereinbar erscheinenden Klängen ein Weg in die Erinnerung auf, der verblüffend, völlig unberechenbar und magisch war. Haben die Worte ein Eigenleben, das unter dem seichten Bewusstsein wirkt? In welche Beziehung treten sie – ohne unser Wissen – zueinander, die der Muttersprache und die später erworbenen? Was be-wirken sie in uns? Die Wissenschaft vom Gehirn sagt, dass die Erinnerung nicht als statischer, nur teilweise zugänglicher Komplex in uns ruht, dessen einzige Bewegung der stete Zuwachs an Masse ist. Vielmehr ist es so, dass sich eine Erinnerung verändert, sobald wir sie wieder aufsuchen. Mit jeder erinnernden Aktivierung eines gespeicherten Eindrucks legen sich Elemente aus dem Augenblick des Aufsuchens über diesen, bilden Schichten und verändern seine Qualität, sein »Wie«, unter Umständen sogar sein »Wo« auf der Landkarte unseres Hirns, unseren Denkens, Fühlens und Empfindens. Ereignet sich Ähnliches mit den Worten? Setzen auch sie mit jedem Gebrauch eine neue Schicht an, die dann, wenn sie wieder ins Schweigen sinken, neue Fäden mit den verschiedenen Schichten anderer Worte knüpfen? Mir fällt ein Satz von René Char ein: Les mots qui vont surgir savent de nous ce que nous ignorons d'eux. (Ein Satz, der auf Deutsch vielleicht so lauten könnte: »Die aufsteigenden Wörter wissen etwas von uns, was wir von ihnen nicht einmal ahnen.«) Wenden sich die Worte aus der Tiefe der Erinnerungen an uns, und nicht wir an sie? Lenken die Worte unser Denken und kennen sie die Ordnung der Bilder unter dem Bewusstsein, zu denen wir keinen Zugang haben außer durch den Erinnerungszauber? Lauter Spekulationen über ein Phänomen, dem ich viel verdanke, das sich jedoch nie ergründen lassen wird. Es ist eine Art Geschenk von Mutter- und Fremdsprache zugleich, dem man nicht nachgehen kann in dem Sinne, dass man seiner Herkunft auf die Spur kommt, es packt, seziert und, seine Einzelheiten betrachtend, erläutert, aus ihnen Erklärungen konstruiert, die Fragen über das Wie und Warum bestimmter Worte beantworten sollen. Man kann sich ihm höchstens beschreibend annähern, in der Hoffnung, keinen Zauber zu brechen.

Den weitaus längsten Teil meines übersetzerischen Lebens habe ich im Ausland verbracht, aber nicht im Land der Sprache, die ich am meisten übersetzte, sondern in England und später in Ungarn. Es war eine seltsame Dreiecksbeziehung zwischen den beiden

Sprachen, Deutsch und Polnisch, die ich in meinem Kopf und auf dem Papier verhandelte, und der umgebenden Sprache, die auch meine Nutzsprache war. Meine eigene, meine Mutter-, oder auch Großmuttersprache, war ein privates Idiom, nur fürs Übersetzen und Schreiben reserviert, und trat in einen Dialog mit den polnischen Worten, Sätzen, Bildern, die in meinem persönlichen Sehnsuchtsgelände zwischen Dnjepr und Weichsel verankert waren. Aus, oder besser gesagt, *unter* diesem über die beschriebene Kluft der Unvereinbarkeiten hinweg geführten Dialog der polnischen und deutschen Klänge und Wörter bewegte sich ein Strom der Erinnerungen, Bilder, auch Worte in den Stimmen meiner Großeltern, meines Vaters, die mir – ohne in irgendeinem Sinnverhältnis zum übersetzten Text oder den jeweiligen Benennungs- und Formulierungsschwierigkeiten zu stehen – Worte eingaben. Der Übersetzungsvorgang und die Erinnerungen bildeten einen Raum, in dem die Regeln der Zeitordnung nicht galten, solange ich bei der Sprache war und sich nichts anderes einmischte. Oberflächlich betrachtet trat dieser Strom in keinen Zusammenhang mit meiner Arbeit. Gelegentlich hinterließ er ein Bild, eine Szene aus der Kindheit – meine erste Begegnung mit dem Namen Rittersporn zum Beispiel –, die dann zu einem eigenen Text wurde, nie aber wurde mir ein Wort oder eine Wendung geboten, die zur Lösung eines aktuellen

Übersetzungsproblems beigetragen hätte. Unter dem hin- und hereilenden Weberschiffchen, das über die Kluft zwischen dem passiven Polnisch und dem aktiven Deutsch hinweg den Text der Übersetzung webte, wuchs mir sozusagen eine andere Sprache zu, eine von jeder Alltagsfunktion unberührte Sprache aus Erinnerung, die ihre Fäden um den Übersetzungsprozess spann. Relevant für Übersetzungsprozesse allgemein ist diese Erfahrung insofern, als sie mir klarmachte, welch tiefe Schichten der Spracherfahrung dieser Akt der Verwandlung von Text aus der einen in die andere Struktur und Textur anrührt und freisetzt, wenn keine Interferenz durch eine textferne Nutzung der Sprache stattfindet. Das Übersetzen in der Fremde kam mir immer wie ein Gewinn vor, wie eine Befreiung im Umgang mit meiner eigenen Sprache, die alle Floskeln, alle Trübungen durch unwillkürlich absorbierte Sprachfetzen aus Werbung, Medien, Behördensprache abwerfen konnte. Für die Arbeit, die mich interessierte, war ich auf Aktualität nie angewiesen, diese Entscheidung war natürlich Voraussetzung für den Gewinn.

Die beiden Autoren, die für mich in diesen Jahren die größte Bedeutung hatten, waren nicht von ungefähr Erinnerungsarbeiter: Miron Bialoszewski und Zygmunt Haupt schreiben beide aus und um Erinnerung. Bialoszewski als Zertrümmerer, Klitterer,

Widerschöpfer von Sprache, der das Grauen und die Zerstörung durch Luftangriffe im Anschluss an den Warschauer Aufstand von 1944 beschreibt, Haupt aus der Fremde Amerikas, mit seiner Schreib- und Erinnerungssprache allein, in der Beschwörungssprache des Sehnsüchtigen. Schreiben um die Erinnerung wie ums Leben ist bei beiden eine Bewegung, die sich in der Struktur der Sprache ausdrückt, in syntaktischen Rissen, Schründen und Lücken, in abgebrochenen, wieder aufgenommenen, im Sande verlaufenden Sätzen. Bei Bialoszewski ist es eine stoßende, schlagende, atemlose, bei Haupt eine kreisende, tastende, suchende Bewegung, zwei Arten der Jagd auf die Erinnerung. Das Wort als Name verliert seine Bedeutung, wird zum Hinweis auf das, was unter diesem Namen abhanden gekommen ist, vermittelt sich als ein Code, der dem Außenstehenden den Zugang unmöglich macht. Bei beiden ist der Text keine Mitteilung, sondern eine Geste der Melancholie, der Trauer und der Provokation, erfüllt von einer um sich selbst kreisenden Dynamik. Wie kann sich dem eine Übersetzung nähern? Ein schwieriges Gelände für jeden, der außerhalb steht. Alles mag nachvollziehbar und sogar nachstellbar sein: die rissige Struktur, die Bruchstückhaftigkeit, das kreisende Erforschen des eigenen Gedächtnisses, die beschwörenden Wiederholungen – doch wie dünn ist das Eis der Sprache, die der Übersetzer aufbieten kann, wenn es um dieses Unzugänglichste geht – die fremde Erinnerung? Die Übersetzung wird zu einem Prozess der Suche – nach Ton, Wort, Klang, Ansatzstelle für Riss und Bruch – bis die Suche die gleiche traurige Müßigkeit oder zertrümmernde Trauer hat wie das Original. Die Erfahrung mit den Riten meiner eigenen Erinnerung bei der Arbeit mit Sprache lässt mir den Umgang mit diesem Ringen anderer mit und um Erinnerung fragwürdig erscheinen. Wem zum Gewinn zerschürfe ich diese Sätze? Wiege die Worte in der Hand, die von anderen, nicht von mir, mehr wissen als diese von ihnen? Doch schließlich ist es die Sprache, die den einzigen Grund liefert, Sprache zu finden, die mir wieder die eigenen Erinnerungen entfaltet. Diese Erfahrung ist es – das versuchsweise Ausloten, Nachsprechen, Nachstammeln, Nachsuchen im Wort, das keine Bezeichnung mehr ist, nur Wegweiser zu Abwesenheit –, die hier gilt.

VIII

In einer Arbeit der Künstlerin Ruth Verraes erkennt man den Satz GRASSEN TREKKEN AAN DE AARDE (Gräser ziehen an der Erde). Es ist eine Papierarbeit, auf der die Buchstaben in unterschiedlicher Länge aus- und angeschnitten sind, sie sind Öffnungen im Weiß des Papiers, durch das der Hintergrund scheint. Hier ist es eine rötlichbraune, erdige Ziegelwand, die den Betrachter durch die Ausschnitte anblickt. Der Betrachter liest das Material Papier, er liest die unterschiedlich langen Ausschnitte der vertikal verzogenen Schrift, er liest die Fläche, die durch die Öffnungen blickt. Die Buchstaben lösen sich von ihrer Rolle als wortbildende Zeichen, die Aussage wird zu ihrer eigenen Illustration, der Text wird zur Textur, Textur wird zu Text. Liest man die Ziegelwand als Erde, wird man einen Augenblick lang Zeuge, wie sich Natur und Text über Natur decken. Der Text übersetzt sich selbst in ein Bild und nimmt die Textur seines Gegenstands an. Die Arbeit von Ruth Verraes ist das Ergebnis einer Auseinandersetzung mit Landschaft und ihrer Beschreibung, mit Natur, Bild und Wort, der Hinterfragung der gegenseitigen Übersetzbarkeit von Bild und Wort, von Landschaft und Wort. Auf ganz beiläufige Weise illustriert diese Installation das Verhältnis zwischen Text und Übersetzung als zwei Beschaffenheiten, die durch die Vermittlung des Übersetzers miteinanderwirken.

Kein literarischer Text ist als bloße Inhaltsvermittlung lesbar, auch die schlichteste Erzählung lebt von der Art, wie sie gestaltet ist. Jeder Text ist ein Gewebe, eine Verknüpfung der Fäden von Klang, Rhythmus, Zeichen, die in einander verschränkt und verschlungen sind und in dieser Verschränktheit die Wirkung des Textes ausmachen. Gemeinsam machen sie die Intention des Autors lesbar, öffnen sich zu Perspektiven und Prospekten, bewirken das Verständnis des Textes als vielschichtiges Gebilde. Der Rhythmus lenkt die Wahrnehmung der Schwerpunkte einer Aussage, der Klang vermittelt Stimmung und Färbung. Der Übersetzer horcht und tastet dieses Gewebe auf seine Beschaffenheit ab, um in seiner Sprache eine Textur zu bewirken, die nach seinem Empfinden dem Original entspricht. Er webt seinen Text nach dem Muster des Originals, und doch wird es eine ganz andere Struktur und Beschaffenheit haben, ein anderes Muster, das, gegen das Original gehalten, ein wieder neues Muster offenbart, das sich aus den Konvergenzen und Divergenzen der beiden Gewebe ergibt, ein Muster der Fremde zwischen den Texten, zwischen den Sprachen.

Nehmen wir den folgenden Text von Henry David Thoreau. Es ist ein Ausschnitt aus einem Eintrag in seinem Tagebuch, den »Journals«, seinem eigentlichen Lebenswerk, das Naturbeobachtungen, Reflexionen und Berichte über tägliche Begebenheiten vereint und über mehr als zwanzig Jahre zu einer Enzyklopädie der Natur und Geschichte Neuenglands wurde. Thoreau ist ein besessener Gänger, der seine Beobachtungen fast nur unterwegs machte, gehend, wandernd, in Bewegung. Dieser Umstand ist von Bedeutung, wenn man sich an die Lektüre und erst recht an die Übersetzung seiner Journals macht.

Es ist schwer zu sagen, ob Thoreau diese Einträge mit dem Gedanken an mögliche Leser verfasste, sie sind eine Mischung aus sprachlich durchgestalteter Komposition und gedanklicher Sprunghaftigkeit, die den Übersetzer vor eine große Aufgabe stellt: Nichts ist für einen so kontrollierten und bewussten Vorgang wie die Übersetzung so schwierig zu vermitteln wie Sprunghaftigkeit.

Mit diesen Zeilen beginnt der Eintrag vom 21. Januar 1853:

A fine, still, warm moonlight evening. We have had one or two already. Moon not yet full.

To the woods by Deep Cut at 9 o'clock.

The blueness of the sky at night – the color it wears by day – is an everlasting surprise to me, suggesting the constant presence and prevalence of light in the firmament, that we see through the veil of night to the constant blue, as by day. The night is not black when the air is clear, but blue still. The great ocean of light and ether is unaffected by our partial night. Night is not universal. At midnight I see into the universal day. Walking at that hour, unless it is cloudy, still the blue sky o'erarches me.

Was vielleicht zuerst auffällt, sind die rhythmischen Wechsel zwischen kurzen und langen Satzeinheiten. Die Diskrepanz zwischen dem Skizzierten und dem ausgeführten Gedanken. Dann eine Melodie, die steigend die Erkenntnis begleitet, in der das Zentrum dieses Absatzes liegt: »Night is not universal«. Die wiederkehrenden kurzen Wörter – zweierlei »still«, »blue«, »night«, »light« – ziehen sich wie eine Kette durch den Text, als gäben sie einander eine Losung in die Hand. Wir kennen die Losung nicht – doch was heißt es für die Übersetzung, dass die Gegensätze »night« und »light« fast gleich klingen? Dass »blue« und »black« – als Gegensätze konstruiert – eine Alliteration bilden?

Wir hören die Entschlossenheit, mit der der Sprecher sich in die Nacht begibt. Bestandsaufnahme–Einordnung–Aufbruch. Innehalten für die Betrachtung des Blaus. Den kurzen Einklang des Atems der Nacht mit dem Atem des Betrachters, der in die Einsicht mündet: The night is not black … Den Eifer der naturwissenschaftlich präsentierten Erkenntnis, dann gleich wieder den Schritt, unterwegs: Walking at that hour … Den Bruch zum Pathos des poetischen »o'erarches me«. Ein Gewebe unterschiedlicher Dichten, doch von einer Richtung bestimmt. Die Richtung heißt: Gehen, Sehen, bis sie ganz am Ende abschwenkt. Der Textausschnitt endet in einer Tonart – dem Poetischen »o'erarches« – die weit vom lakonischen und zugleich sanftmütigen Erspüren des einleitenden »fine, still, warm, moonlight evening« des Anfangs entfernt ist. Man ahnt ein Ungleichgewicht, das Aufflackern eines lyrischen Ich, das in der Situation – einsamer Mensch unter Nachthimmel, der Licht statt Dunkel offenbart – in eine poetische Konvention abgleitet, die eine Gegenposition zum entschlossenen Beobachter darstellt. Ironie oder versuchte Poesie? In jedem Fall eine Richtungsänderung, die sich im Stoff dieses Textes genauso ertasten lässt wie die Begeisterung, die nüchterne Entschlossenheit. Der Grundton ist die Einsamkeit.

Wie nähert man sich dieser Beschaffenheit? Wie dem Dialog der Schlüsselworte in ihrer klanglichen

Nähe, die das Deutsche nicht hat, der kühlen Glätte von »partial« und »universal«, die im Deutschen viel fremdere Fremdwörter sein würden, wie lässt sich der Bogen vom Anfangston zum Endton führen?

> Ein klarer, stiller, warmer Abend, Mondschein. Ein paar solche Nächte hatten wir schon. Der Mond fast voll.
> Um 9 Uhr in den Wald bei Deep Cut.
> Das Blau des Himmels in der Nacht – die Farbe, die er bei Tage trägt – überrascht mich stets aufs Neue, denn es lässt ahnen, wie das Licht am Firmament immer gegenwärtig und beherrschend ist, so dass wir durch den Schleier der Nacht ebenso wie am Tag in ein stetes Blau blicken. Die Nacht bei klarem Himmel ist nicht schwarz, sondern blau, auch jetzt. Der große Ozean aus Licht und Äther bleibt unberührt von unserem Teil der Nacht. Es gibt keine Nacht des Alls. Um Mitternacht blicke ich in den Tag des Alls. Bin ich um diese Zeit wandernd unterwegs, ist über mir – wenn keine Wolken da sind – der blaue Himmel aufgespannt.

Der Rhythmus ändert sich auf dem Grat zwischen der Melodie des Originals und der Worttreue. Wie weit kommt man dem Rhythmus entgegen, wie weit dem Wort? Hält man sich an die Phrasen des Originals oder passt man sie der Übersetzungssprache an? In den Übersetzungsübungen bei dem anfangs genannten Lehrer mussten wir den Text von Original und Übersetzung laut lesen. Russisch und deutsch nacheinander, dann nebeneinander, zwei- oder mehrstimmig, und im Klang wurde das Gewebe hörbar und greifbar, die auseinander-, die zueinanderstrebenden Fäden und Schlingen und Muster der Worte. So ließ sich lernen, welche Varianten – in jedem Satz wieder neu zu entscheiden – die treueren waren: Wörtlichkeit oder Klanglichkeit. Wieviel Abbildung der Originaltextur musste bewahrt werden, mit welchen Mitteln der Übersetzungssprache war Annäherung möglich, wann waren Abweichungen unerlässlich, um den Möglichkeiten der Übersetzungssprache gerecht zu werden? Wie groß ist der Unterschied zwischen dem noch nicht vollen und dem fast vollen Mond?

Betrachten wir den Thoreau-Text, sehen wir, wie die Kette aus »blue« und »black« und »light« und »night«, und beiderlei »still« verloren ist, ebenso wie der mächtige Gegensatz von partial und universal. Licht und Nacht sind jetzt die einander im Gewicht von hellem und dunklem Ton haltenden Schwerpunkte, dazwischen das Blau. Anstelle der »constant presence and prevalence« jetzt »immer gegenwärtig und beherrschend« – die weichen n/m Konsonanten sind noch da, die hell-offenen Vokale, doch in der Bedeutung weniger mächtig durch den unvermeidlichen Verlust des Substantivischen. Es ist ein anderes Gebilde. Scheint es durchlässiger? Blasser? Unentschlossener? Von den Wanderern im Mondschein der kollektiven Nächte, dem knorrigen Caspar-David Friedrich-Geäst unweigerlich gestreift? Wo decken sich die Muster, wo weichen sie voneinander ab, wo klaffen sie auseinander? Die längeren Wörter des Deutschen lenken den Fluss des Textes in eine andere Richtung. Mehr Fluss als Schritt? Wenn ja, wer ist dann Herr der Bewegung? Wohin schreitet dieser Wanderer oder lässt sich treiben?

Walter Benjamin plädiert für eine »durchscheinende« Übersetzung, die dem Original »nicht im Licht steht«. Der Weg zum unmittelbarsten Lichteinfall auf das Original sei »die Wörtlichkeit in der Übertragung der Syntax«, denn »sie erweist das Wort, nicht den Satz als das Urelement des Übersetzers.« Benjamin tritt damit für ein Extrem der lesbaren Fremde ein, wobei die Übersetzung eine Art Folie über dem Original bilden soll, der jeder Anspruch auf eigene Textur abgesprochen wird. Das wäre eine übersetzerische Aufgabe, die sich einzig und allein dem Original verschreibt, das Ergebnis wäre nicht die Frucht eines Dialogs mit der Fremde, aus dem eine eigene Struktur erwächst, durch die sich der Übersetzungstext auch für den ganz außenstehenden Leser als Ahnung des Anderen vermittelt, ein Anderes, das im Gewebe des Eigenen bewahrt bleibt.

Der Übersetzer selbst wird und muss immer das Original durch seine Übersetzung sehen und den seltsamen Widerhall hören, den seine Worte beim Auftreffen auf die des Originals erzeugen. Und umgekehrt wird er den fernen Klang seiner Übersetzung nicht überhören können, wenn er das Original wieder liest, denn die Zwiegesprächlichkeit, die seine Arbeit am Text begleitet hat, wird sich wie eine Art Netz auch darunter aufspannen. Jede Übersetzung ist mit unzähligen Fäden an das Original geknüpft. Sie passt sich an, sie verheddert sich, sie strebt davon fort. Durch das Gewebe der Übersetzung blickt der Übersetzer auf das Original, das, je nach Größe der Kluft, näher oder ferner liegen kann. Es ist eine andere Lesbarkeit als vorher, ohne die Übersetzung, es scheint durch wie die Ziegelwand durch die ausgeschnittenen Buchstaben der Installation, wie die Erde durch die Worte von der Erde. So wie man bei der Papierinstallation fragen kann: Was macht die Lesbarkeit aus – die *Anwesenheit* der Ausschnitte oder die *Abwesenheit* des Papiers in diesen Ausschnitten?, kann man den Übersetzer in Bezug auf Original und Übersetzung fragen: Wie lässt sich jetzt das Original lesen, wie lässt es sich erkennen: durch die *Anwesen-*

heit der Überlagerungen, oder die *Abwesenheit* von Kongruenzen? Durch das Muster der Übersetzungstextur erblickt man das Muster des Originals anders, als beim bloßen Lesen des Textes. Das Original intensiviert sich, es behauptet sich, seine Beschaffenheit hat einen Widerpart – die Übersetzung.

Und die Übersetzung? Wie kann sie sich behaupten? Schaut das Original durch sie hindurch wie die Ziegelwand durch die ausgeschnittenen Buchstaben, durch das Andere in einen anderen Rahmen gefasst?

Als Gegenstand betrachtet bleibt das Original von der Übersetzung unbeeinflusst. Nichts ändert sich an seiner Form, an seinem Inhalt. Der Text behält seine Gestalt, die Textur ihre Beschaffenheit. Und doch ändert sich im Gesamtkontext des Werkes etwas. Allein durch ihre Existenz, durch ihre Verfügbarkeit als Text, unabhängig von der Zahl ihrer tatsächlichen Leser, verleiht die Übersetzung dem Original eine andere Lesart, eine andere Lesbarkeit, so wie die Buchstabenöffnungen die Wand, die Erde, die Landschaft anders lesbar machen: Sowohl durch das, was fehlt, als auch durch das, was da ist.

Was sieht man, wenn man diese beiden Gewebe übereinander und gegen das Licht hält? Die dunklen Stellen, wo die Dichten sich decken. Die teilweisen Überlagerungen, wo schon der Wind zwischen die Stränge und Fasern dringt, zwischen Ton, Klang, Intensität, wo es hindurchdämmert, wo Raum ist. Und dann die hellen Stellen, offene Maschen im Gewebe, ungehinderter Lichteinfall, auf das, was hinter den auseinanderstrebenden Texturen liegt: die Fremde.

IX

Wie verhält sich der schreibende Umgang mit Sprache zum übersetzenden? Wie unterscheidet sich die eine Art des Textwebens von der anderen? Fragen, die immer wieder auftauchen. Beeinflusst das Übersetzen das Schreiben? Das Schreiben das Übersetzen? Wird man den Texten noch gerecht, wenn man eine eigene Schreibstimme hat, oder läuft man gar Gefahr, von den Autoren, die man übersetzt, etwas zu übernehmen?

Die Praxis des Übersetzens ist vielleicht besser als jede andere Übung geeignet, die eigene Stimme zu finden, zu schleifen, zu klären. Übersetzend probiert man ganz verschiedenes Handwerkszeug aus. Man lernt, die Mittel der eigenen Sprache an den spezifischen Schönheiten und Schwierigkeiten anderer Sprachen auszuloten. Die Formbarkeit auf eine Weise zu prüfen, die der ausschließliche Umgang mit der eigenen Sprache nicht bieten kann. Man misst ihre Möglichkeiten an anderen. Es ist ein handwerklicher

Vorgang, und darauf liegt die Betonung. »La traduction comme l'argile où façonner ma propre langue intérieure«, schreibt die Lyrikerin und Übersetzerin deutscher Lyriker, Mireille Gansel in ihrem Buch »Traduire comme transhumer«: als der Lehm, aus dem man – wie der Ewige den Menschen – die eigene innere Sprache formt: der Inbegriff des Schaffens. Der Übersetzer-Autor hat – auch übersetzend seiner inneren Stimme gewiss – ein untrügliches Gespür für die Tonlage und Färbung der Stimme des Anderen, dessen Text er überträgt, und ist so gegen Vermischung gefeit. Warum sollte er die Grenzen zwischen seiner eigenen, errungenen, erarbeiteten »inneren« Stimme und der des Autors unkenntlich machen, indem er seinen Stil überstülpt? Und umgekehrt – wie kann der Autor-Übersetzer schreibend etwas aus übersetzten Texten übernehmen? Es sind doch seine Worte, in die er den fremden Text gebracht hat, nicht seine »innere«, aber seine eigene Sprache, die er als Stoff, als Gewebe, als tönende Form für den fremden Text gebildet hat. Nehmen wir das schöne Bild aus dem Titel des Buchs von Mireille Gansel: Übersetzung als Transhumanz, als das Geleiten der Herde von den Sommer- zu den Winterweiden und umgekehrt, eine jahrtausendealte Tradition, für die der Wanderschäfer eine intime Kenntnis der Wege und Weidegründe haben muss. Der Übersetzer geleitet die Herde der Worte aus der fremden in seine Sprache, er kennt die Wege, auf denen der Herde nichts zustößt, und den Boden, den »Humus«, auf dem die Herde gedeiht. Die Worte seiner inneren Sprache wird er an einem anderen Ort weiden, ohne sie von dort in eine andere Gegend führen zu müssen.

Doch was geschieht, wenn man sich selbst übersetzt? Die Herde der eigenen »inneren« Worte von hier nach dort bringt? Kann man sich selbst fremdsprechen?

Es ist kein Problem, das sich häufig stellt. Ich habe es einmal als ein Werkstattexperiment unternommen, mit anderen Übersetzer-Autoren zusammen, als es um die Frage ging, ob Autorenschaft die Übersetzung eines Textes behindert oder befördert. Meinen Text übersetzte ich aus dem Englischen ins Deutsche, also in meine Muttersprache. Englisch war nach vielen Jahren in England meine zweite aktive Sprachwelt. Es war ein Abschiedstext, an meiner letzten Londoner Station im Osten der Stadt geschrieben, in den Monaten, bevor ich das Land verließ. Unter dem Titel »Point of Departure« ist es eine Art Heimatgedicht aus kurzen Prosastrophen über zweierlei Sehen – Wahrnehmen und Erinnern. Bewegung, Unstetigkeit, Aufbruch und Ziellosigkeit waren prägende Begleitumstände der Entstehung des Textes. Die Worte galten einer Welt, die sich in ungewissem Fluss befand, die einzige Gewissheit war das Abschiednehmen. Der erste Teil jedes Abschnitts befasst sich mit der Gegenwart, einem winzigen Ausschnitt der umgebenden, wahrgenommenen Welt, der zweite Teil, immer eingeleitet von den refrainartigen Worten »And I remember« – »Und ich erinnere mich« –, mit dem winzigen Ausschnitt aus Erinnerung, der durch die aktuelle Wahrnehmung aufgerufen oder »geöffnet« wurde. Die Grenzen von Gegenwart und Vergangenheit verwischen sich, das Gesehene und das Erinnerte bilden einen zusammengehörigen Raum, sie haben eine gemeinsame Dynamik, die von der eigentlich ziellosen Fortbewegung getragen wird.

Dieser Bewegung des Schreibens stehe ich als Übersetzerin gezwungenermaßen statisch gegenüber. Die Worte sind stehengeblieben, bilden ihren Raum, der übertragen werden will. Auch wenn ich mein eigener Übersetzer bin, ändert sich nichts an dieser Stasis, ich muss aus dem Ruhezustand handeln. Das bestehende Bild wird im Schatten einer neuen, ändernden, beugenden Übersetzergegenwart zu einer unwirklich fernen Vergangenheit und Vorvergangenheit. Das Übersetzen eines eigenen Textes, zumindest eines Textes, in dem es wie hier um die wahrnehmende Auseinandersetzung mit der Welt geht, verlangt nicht nur eine Spaltung im eigenen Zeitempfinden – indem man aus der eigenen Kontinuität tritt und sich die eigene

Vergangenheit wieder zur Gegenwart macht –, es erfordert auch einen geradezu ent-fremdenden Respekt vor den eigenen Worten.

In dem gesamten Text geht es nur um Wahrnehmungen, um keinerlei Reflektion, Narration oder Beurteilung, und alles Folgende bezieht sich nur auf diese »subjektive« Ebene von Aussagen. Jede Wiedergabe einer Wahrnehmung ist subjektiv, selbst wenn wir in unserer Sprachgruppe in einem scheinbaren Konsens über die Benennung der Außenwelt leben. Doch wenn wir mit Sprache umgehen, müssen wir uns darüber im Klaren sein, dass Aussagen wie »blauer Himmel«, »grünes Gras«, »roter Klatschmohn« als verbindliche Bezeichnungen daherkommen, die jedoch für jeden, der sie im Munde führt, eine andere Wertigkeit haben und einen anderen Punkt auf der Farbskala besetzen.

Die aufgeführten Wahrnehmungen in »Point of Departure« stellen ein Sich-Einlassen auf die Erscheinungen der Welt und den daraus folgenden Assoziationsprozess dar, der sich nicht bewusst vollzieht und sich nicht rational analysieren lässt. Ich habe diese Form nicht vorsätzlich gewählt, sie hat sich mir bei meinen Wanderungen gleichsam aufgedrängt. Der Text ist eine Auseinandersetzung mit Erinnerung an Wahrnehmung und will darin der oben beschriebenen Erfahrung beim Übersetzen folgen, in der sich die geheimnisvollen Verbindungen zwischen Name, Bild, Klang und Erinnerung augenblickslang offenbaren und der Intuition Zugang gewähren zu den unerklärlichen Zwischenwelten und Zusammenhängen zwischen den Dingen und den Namen, die wir ihnen geben.

Bei der Übertragung eines fremden Textes sieht sich der Übersetzer mit den Worten, mit dem Ausdruck konfrontiert, in die der Autor seine Wahrnehmung eines Ausschnitts der Welt gekleidet hat. Ich würde diese Wahrnehmung und ihre Wiedergabe der Einfachheit halber und ohne irgendeinen spirituellen Beiklang als »Vision« bezeichnen. Die Worte des Autors werden beim Übersetzer wiederum seine eigene »Vision« wecken, die mit diesen Namen der Dinge assoziiert ist, und seiner Übersetzung eine eigene Färbung, einen eigenen Ton verleihen werden. Der Übersetzer wird immer wieder einen Weg über die Kluft finden müssen, die sich zwischen den beiden von Assoziationen genährten »Visionen« in den beiden Sprachen auftut, doch bleibt es immer ein in seinem Kopf stattfindender Prozess vom Wort zur Vision zum übersetzten Wort, ein Vorgang, in dem das Fremde und das Eigene feste Rollen haben.

Bei der Übersetzung eigener Texte jedoch ist die Situation ganz anders. Im Kopf des Übersetzers befindet sich ja schon die »Originalvision«, die Worte sind kein fremder Komplex, den es der eigenen Sprache anzuverwandeln gilt, sie sind bereits in ein ganzes Netz von Empfindungen, Erinnerungen, Assoziationen eingesponnen, aus denen sie sich nur schwer lösen lassen. Plötzlich wird auch die Übersetzung solch scheinbar eindeutig geklärter Wortpaare wie beispielsweise klarer Farben, Aromen oder ähnlicher Sinnenempfindungen wie warm, kalt oder windig zu einem fragwürdigen Unterfangen. Kann mein »blue« auch mein »blau« sein, mein »sweet« auch mein »süß« und mein »cold« mein »kalt«? Zu einem Wort gehört nicht nur sein Klang, sondern ein in der Erinnerung gründender – wertfrei gesprochen – *sentimentaler* Wert, und wer über mehrere Sprachen verfügt, wird den Bezeichnungen ein und derselben Sache in den einzelnen Sprachen einen unterschiedlichen sentimentalen Wert beimessen.

Bei diesem Experiment der »Selbstübersetzung« wurde mir der ins Deutsche gebrachte Text immer fremder. Damit meine ich nicht die Fremdheit als bewusste Einstellung am Ausgangspunkt der Übersetzung, sondern den Eindruck, dass der Text in der neuen Sprache mit meiner »inneren Sprache« nichts zu tun hatte. Er hatte nichts mit meiner deutschen Sprach- und Wortwelt zu tun, er folgte dem Rhythmus des Originals, schuf aber Bilder, die in einer ganz anderen Beziehung zu mir standen als die vom Original aufgerufenen. Sie waren blasser, flacher, hatten für mich weniger Gewicht und Klang als die Übersetzungen in andere Sprachen, die während dieser Werkstatt von meinem Text entstanden. Meine eigenen Übersetzungen fühlten sich für mich an wie ein rissiges Sprachgewebe, das allenthalben Löcher aufwies, und durch diese schien etwas hindurch, das mit dieser neuen Oberfläche nicht in Einklang zu bringen war. Wenn es im zweiten Abschnitt zum Beispiel heißt »Two foxes screech and wail in the backyard at night«, schien es mir kein deutsches Wort zu geben, das dem von »screech and wail« beschriebenen Laut auch nur annähernd entsprechen konnte, ihr »Kreischen und Jaulen« blieb anderen Füchsen zugeschrieben, die sich werweißwo in meinem Kopf herumtrieben, ganz sicher aber nicht auf dem schotterbestreuten Flachdach eines wackligen Ostlondoner Billiganbaus. Und wenn sich an anderer Stelle der Himmel »grey, white, and purple« im Brachwasser der Gräben im Marschland spiegelt, war es mir unmöglich, auf Deutsch die Farbtöne zu benennen, die das wiedergeben konnten, was ich dort gesehen hatte. »Grau, weiß und lila«, das klanglich und rhythmisch ja gar nicht so weit vom Original entfernt ist, hat einen anderen Geruch, einen anderen Geschmack, eine andere Temperatur als die englischen Farben.

Dass die Farben und ihre Übersetzung ein wunder Punkt zwischen den Sprachen sind, habe ich schon erwähnt. Eine ganz objektive Schwierigkeit bei der

Übersetzung von Farbtönen aus den meisten Sprachen ins Deutsche liegt in der außergewöhnlichen Armut an »direkten« Farbbezeichnungen, also Wörter, die nicht bereits einen Vergleich, einen Bezug auf einen Gegenstand in sich tragen, der sich in der sperrigen Endung -farben ausdrückt. Im Englischen verfügt man auch in der Alltagssprache über eine unvergleichlich breitere und differenziertere Palette von Farbnamen unterschiedlicher etymologischer Herkunft, die auch zum Teil mit Früchten, Blumen, Gesteinsarten assoziiert sind, aber im Unterschied zu den soundsofarbenen Bezeichnungen im Deutschen als Worte Selbständigkeit besitzen.

So geht es in einem Abschnitt um die im Englischen als »russet« bezeichnete Farbe. Russet ist ein warmer gelb- bis rotbrauner Ton, aber auch der Name eines Winterapfels, auf deutsch Boskoop. Die Farbbezeichnung ist für mich unauflöslich mit diesem Apfel verbunden, lese oder benutze ich das Wort »russet«, drängen sich mir unweigerlich auch die Beschaffenheit der Apfelschale, der Duft, der Geschmack, und in der Folge die Erinnerungen an Kindheitswinter, den rauchigen Geruch der Luft, den etwas krüppligen Apfelbaum in unserem Garten auf. Merkwürdigerweise sind all diese Konnotationen nur mit dem englischen Wort verbunden und im Deutschen durch meine Aversion gegen den Klang des Worts »Boskoop« blockiert.

Doch auch wenn mir »Boskoop« als Wort angenehm gewesen wäre, hätte es nie als Farbbezeichnung allein stehen können, allenfalls »boskoopfarben«, was aber dann das ganze Textgewebe zerrissen hätte. Ich habe »russet« hier anfangs mit apfelrot, dann schließlich mit »apfelgelb« übersetzt, obwohl das für mich mit einem völlig anderen Empfindungskomplex verbunden ist und höchstwahrscheinlich im Leser ein Bild heraufbeschwören wird, das mit meinem Bild nichts zu tun hat: Wüsste ich nicht genau, wovon die Rede ist, würde ich an glattschalige, wässrige, viel zu langsam verschrumpelnde Äpfel im Neonlicht von Geschäftsauslagen denken. Doch letztendlich war es die einzig mögliche Lösung, die sich in Klang und Rhythmus fügte, und der Ton des Wortes »gelb« war mir lieber als »rot«. Allerdings hat sich hier nun die Wertigkeit des Textes für mich ganz entschieden geändert, die Stimmung der deutschen Übersetzung liegt weit von der des englischen Originals entfernt.

In einem anderen Abschnitt geht es um das Wort »rowan« – ein helles aber nicht grelles Rot der Ebereschenfrucht oder Vogelbeere. Ebereschen sind in vielen Gegenden Londons beliebte Straßenrandbäume, sieben Jahre lebte ich in einer Straße, in der ich aus meinem Arbeitszimmer den Blick auf drei anfangs noch etwas schmächtige Ebereschen hatte. »Rowan« ist nicht nur ein Wort, das ich sehr gerne mag, es hat eine ganz besondere Eigenständigkeit, es bildet einen schwebenden Klangkörper, der andere Worte in seinen Kreis zieht und sich hier so gut mit dem Wort »haze« zusammenfand. Es passt nicht zu dem Klang von »Vogelbeere«, das Wort ist zu lang, zu geprägt von dem Kontrast der beiden Vokallaute und zudem im Deutschen negativ besetzt: Die Beeren galten – zu Unrecht – als giftig, und diese Giftigkeitskonnotation beeinflusste meine Vorstellung von einem »vogelbeerrot«, das mir unwillkürlich greller und aggressiver vorkam als das englische »rowan«. Ich habe mit dem Wort »bitterrot« hier zwar eine Lösung gefunden, bin aber ähnlich unfroh damit wie mit »apfelgelb«. »Bitterrot« sticht mehr hervor , es hat etwas Schärferes an sich als das sanfte »rowan«. Doch gefällt es mir besser als alle Ebereschen- und Vogelbeerenvarianten, und der Zusatz »bitter« hat für mich nichts Negatives im Zusammenhang mit einer Licht- oder Landschaftsbeschreibung, ja entgiftet sogar eine Vorstellung von Grellheit im Rot.

Farben, ähnlich wie Licht und auch Klang, sind emotional besetzt und nicht objektivierbar, sie sind an unendlich viele Schichten von Empfindungen, Emotionen, Erinnerungen und auch äußere Begleitumstände geknüpft, die ihre Wahrnehmung prägen. Sie sind nur durch ihr Umfeld fassbar, sind abhängig von so Unkonkretem wie der Atmosphäre in rein physikalischer und übertragener Bedeutung, sie lassen sich nie dingfest machen. Es gibt keine »richtige« , unmissverständliche Verständigung über Farben, ebenso wenig wie über die Qualität des Lichts oder die Tönung eines Klangs, und an diesen Stellen wird die Doppelrolle von Übersetzer und Autor zur Quelle nicht zu lösender Konflikte zwischen Ursprung – der »Vision« – und Ziel: der gültigen neuen »Version«.

Sicher werden jedem Leser in den einzelnen Textpaaren etliche Divergenzen auffallen, und für jeden werden andere Assoziationen, andere Bilder aufsteigen und in unterschiedlich starke Harmonien treten oder sich vielleicht sogar abstoßen. Ich muss beides loslassen, Vision und Version, sie einem unbekannten Leserraum überantworten, und werde trotzdem das Gefühl nicht los, dass die beiden Texte nichts miteinander zu tun haben. Doch in Wirklichkeit sind es nicht die Texte, sondern die hinter diesen Worten liegenden Welten, die nichts miteinander zu tun haben, die Übersetzung kann nicht gelingen, weil sie für den Autor und Übersetzer in einer Person zu einem Teufelskreis des Fremdsprechens wird, der schließlich auch die Verlässlichkeit des Verhältnisses von Vision und Version unterwandert.

Einer der wenigen Vorzüge des Übersetzens eigener Texte ist vielleicht, dass niemand sagen kann: Das ist falsch. Der Leser oder Zuhörer muss, auch wenn er sich für einen ungleich kompetenteren Übersetzer hält, hinnehmen, wofür sich der Autor-Übersetzer entschieden hat. So unzufrieden dieser mit seinen von der Zerwebung bedrohten Texten sein mag, seine Autorität gilt dennoch mehr als die der sprachlichen Kompetenz, sie erwächst aus dem unbestreitbaren Privileg in der Handhabung der eigenen »Vision«. Doch wo liegt der Gewinn für den Urheber als Autor und Übersetzer in einer Person? Aus meiner Erfahrung mit meinem eigenen Text heraus beantwortet, sage ich: Ich möchte diese Erfahrung nicht noch einmal machen. Die Möglichkeit der Selbstbestimmung in der Übersetzung ist kein Gewinn, sie ist teuer erkauft um den Preis einer größeren Distanz zum ersten, originalen Text und damit auch zu seiner Entstehungsgeschichte. Mit jedem Aufsuchen einer Erinnerung verändert sich diese, Schicht umd Schicht vergrößert sich der Abstand zur ursprünglichen Erfahrung. Ein so bewusster Prozess wie die Übersetzung der ganz subjektiven, spontan gewählten Worte zur Beschreibung sehr persönlicher Wahrnehmungen und Erinnerungen beschleunigt diese Bewegung von der ursprünglichen Erfahrung fort. Zum Schluss hat man zwei »Visionen« und zwei »Versionen« im Kopf, die man man unentschlossen hin- und herdreht, nicht hergeben will und es doch muss, um Ruhe für Neues zu haben. Man wendet der Erfahrung den Rücken zu und erkennt: Im Verhältnis zu dem Raum zwischen den Dingen und ihren Namen in beiden Sprachen hat sich etwas unwiderruflich verändert.

X

Könnte es je so etwas geben wie eine konstruierte Universalsprache, die Übersetzung erübrigt? Ein menschheitsumgreifendes Esperanto, das die Sprachverwirrung aufhebt? Eine solche Frage ist ebenso müßig wie die nach einer verlorenen Proto-Sprache, die vor Jahrtausenden allen Menschen zur Verfügung gestanden haben mag oder nicht. Angesichts der Vielzahl der Sprachen mit ihren spezifischen Ausdrucksformen, Artikulationsschwerpunkten und Nuancierungen könnte jede zur Verständigung entworfene »Universalsprache« – einmal ganz davon abgesehen, dass eine solche Sprache auch unweigerlich das Produkt politischer Machtverhältnisse wäre – immer nur einen kümmerlichen gemeinsamen Nenner darstellen. Wir sehen selbst, wie das Englische als lingua franca unserer Zeit verarmt und bei den Nicht-Muttersprachlern zu einem Funktionsjargon verkommt, in der jedes »Wie« zugunsten eines schnellebigen »Was« verstümmelt wird. In ihrer notgedrungenen Beschränkung auf die Funktionalität würde eine Universalsprache keiner Geschichte einen Platz lassen – sie wäre das Gegenteil der anderen Utopie – von der »idealen« oder »reinen« Sprache, die die Summe aller Weisen des sprachlichen Meinens vereinen und damit alle Fremdheit überwinden würde.

Zum Glück wird es Sprachen geben, solange es Menschen gibt. Das Vorhandensein von Sprache impliziert die Existenz von Fremdsprache, und solange es diese gibt, wird es Übersetzer geben, die die Fremde zwischen den Sprachen verhandeln, ungeachtet der Kluft zwischen den Arten des Meinens. Jede Übersetzung beginnt mit dem Fremdsprechen des Originals, der Umbenennung der Welt des Originals und jeder Übersetzungsvorgang, der sich über die Inhaltsvermittlung hinausgehend, in Klang, Rhythmus, Tonlage und Intensität um eine Anverwandlung eines literarischen Texts an die neue Sprache bemüht, ist ein Beitrag zur Sprache schlechthin, ein neues Wie, eine neue in Worten vermittelte Welt.

Es wird immer gerne über das spekuliert, was in der Übersetzung verlorengeht. Ehrliche Übersetzer tragen selbst zu diesen Spekulationen bei, weil sie sich der Kluft zwischen den Sprachen, der Unvereinbarkeiten, der Unübersetzbarkeiten allzu bewusst sind, auch wenn die einzelnen Klüfte eigentlich zu fruchtbarem

Grund werden, wo all das Verworfene und Verlorene sein Eigenleben beginnt. »Lost in Translation« ist ein im kollektiven Bewusstsein so tief verankerter Begriff, dass sich der bedeutende polnische Lyriker und Übersetzer Stanisław Barańczak vor Jahren schon veranlasst sah, seine »Werkstattskizzen« mit dem Titel »Ocalone w tlumaczeniu« – In der Übersetzung gerettet – zu versehen. Der Band liefert etliche Beispiele für gelungene, schöne, poetische Übersetzungen, die in manchen Fällen eine Tiefe, einen Aspekt, einen Zwischenton zum Ausdruck bringen, die im Original verborgen oder unbemerkt bleiben, in allen Fällen aber demonstrieren, in welchem Maße Übersetzung die Sprache reicher macht. Diese Bereicherung ist eine des Wie, das sich an dem gegebenen, übertragenen Was originär entfaltet. Dass sich der mit Übersetzungen verbundene Verlustmythos weiterhin hält, hat natürlich auch etwas mit dem Stellenwert des Originals schlechthin zu tun. Das Original gilt wahrscheinlich in allen am Kreislauf der Literatur – dem Schreiben und dem Übersetzen – beteiligten Kulturen kraft der Unmittelbarkeit seiner Verbindung zum Urheber einer in Sprache vermittelten Idee weit mehr als die Übersetzung, wenngleich es große kulturspezifische Unterschiede im Grad der Bedeutung von Übersetzung gibt. Ohne die Autorität der Urheberschaft anzweifeln zu wollen, kann man diese Rangordnung kritisieren, weil Original und Übersetzung in zwei unterschiedliche Kategorien der Sprachgestaltung gehören und nach unterschiedlichen Kriterien beurteilt und überhaupt betrachtet werden sollten. Der Autor kleidet eine Idee, eine Handlung, ein Bild in Sprache. Nicht jedem Autor ist die Sprache gleich wichtig, für manchen ist sie bloßes Vehikel seiner Idee, in jedem Fall aber ist der Autor nicht allein mit der Sprache als Kunstwerk befasst, sondern auch mit der Frage, wie er sie zum Zweck der Vermittlung seiner Idee einsetzt. Der Übersetzer hingegen ist nur – im Sinne von ausschließlich – mit der Sprache als Material befasst und zwar stets vor dem Hintergrund der Fremde. Idee, Handlung, Bild stellt der Autor. So wird der Übersetzer auch nur an seiner Sprache gemessen, die er aus der Beschäftigung mit der Fremde gewonnen hat, während der Autor selbstverständlich auch an dem gemessen wird, was die Sprache vermittelt. In allen Epochen und in jeder Sprache wird es Beispiele dafür geben, dass eine Übersetzung »schöner« sein kann als ihr Original: Sätze sind besser strukturiert, unbeabsichtigte Wiederholungen sind vermieden, Unbeholfenheiten ausgebügelt, Ironien werden subtiler. Wer sich auf die Sprache konzentriert, wird solche Verschönerungseingriffe nicht unterlassen können, allein schon deshalb, weil der Übersetzer fast immer für derartige ästhetische Versäumnisse des Autors zur Rechenschaft gezogen wird.

Heute wird Übersetzern und der Übersetzung von Literatur in mancher Hinsicht mehr Achtung und Interesse entgegengebracht als je zuvor, auch wenn nicht immer klar ist, welcher Rolle des Übersetzers diese Achtung zugedacht ist. Man redet von der deutschsprachigen »Stimme« dieses oder jenes Autors und rückt das Können des Übersetzers gleichzeitig in die Nähe der Kunst. Diese beiden Seiten – die dienende Stimme und die eigene Kunst – passen nicht zusammen, und ihre gleichzeitige Nennung illustriert nur die Unsicherheit bei der Definition des Status des Übersetzers. Könner oder Künstler? Diener oder Meister? Keiner – auch nicht der Übersetzer selbst – traut sich eine verbindliche Definition zu. Wie ist Kunst zu definieren, wenn dem Übersetzer diese Adelung zuteil werden soll? Kunst ist die Erschaffung von etwas Einmaligem, etwas Noch-Nicht-Dagewesenen mit den allereigensten schöpferischen Mitteln. Ein Kunstwerk füllt geistig und materiell eine Stelle im Raum aus, die vorher Leere war. Betrachten wir Sprache als das Material, mit dem Text als Kunst erschaffen wird, kann sich der Übersetzer als Künstler sehen, bindet man das Ganze aber an die Frage des »Was«, ist er wieder nur Könner, der sich am originalen Kunstwerk entlangarbeitet. Nennt man ihn »die deutsche Stimme von Soundso« reduziert man ihn zum verbalen und vokalen Handlanger – zudem eine besonders unglückliche Formulierung im Land der Synchronisierung als der diskreditiertesten Sprachbranche schlechthin –, adelt man seine Arbeit zum originären Kunstwerk, begibt man sich auf ein Gelände, dessen Boden mangels einer verbindlichen und zugänglichen Definition von übersetzender Sprachgestaltung als Kunst unsicher ist.

Vielleicht sollte man weniger die Definition von Kunst unter dem Aspekt ihrer Anwendbarkeit auf die übersetzerische Arbeit untersuchen, als die Definition der übersetzerischen Arbeit im Verhältnis zu anderen Künsten. Tatsache ist, dass jede Übersetzung Einmaligkeitscharakter hat und dadurch unersetzlich ist. Sie ist der originäre Ausdruck einer unwiederholbaren, als Schaffensprozess analytisch nicht nachvollziehbaren Auseinandersetzung mit Fremde wie sie sich in Sprache manifestiert. Das kunstunfreundliche »Können« sollte man in diesem Zusammenhang nicht überbewerten: Erstens garantiert die Beherrschung einer Fremdsprache keineswegs den Zugang zu deren poetischen Ausdrucksmitteln und zweitens ist das Ausschlaggebende die künstlerische, der eigenen Eingebung folgend gestaltete *eigene* Sprache – die Ziel-, Übersetzungs-, meistens Muttersprache. Die Fremde, die diesen Vorgang nährt, ist eine Dimension in dieser künstlerischen Gestaltung und nicht ein Faktor. Die Übersetzung in diesem Sinne ist ein Fremdsprechen als Akt des zur-

Sprache-Bringens von Fremde und in solchem Licht betrachtet eine eigene Kunst, für deren Existenz das Original ganz unabhängig von seiner literarischen Bedeutung nur materielle Bedeutung hat. Übersetzung ist die Kunst, die mit dem Menschsein unlösbar verbundene Erfahrung von Fremde auf der Ebene der Sprache zu gestalten. In diesem Kontext wird das Übersetzen auch mit der Musik vergleichbar – wenn wir die umzusetzende Schrift als Material betrachten, das in der Interpretation als Übersetzungssprache oder Stimme/Instrument zu seiner Geltung kommt.

Der Vergleich mit der Musik müsste eigentlich die Frage gegenstandslos machen, die immer wieder gestellt wird: Wie vertragen sich Einmaligkeit und Kunstanspruch der Übersetzung mit dem offensichtlichen Bedarf an Neuübersetzungen? Wie gültig ist eine Übersetzung? Das Nebeneinander von Versionen ist offenbar in der Sprache schwieriger zu dulden oder zu verstehen als in der Musik. Vielleicht deshalb, weil an die Sprache als Währung unserer Verständigung ein anderer Anspruch an Gültigkeit oder Verbindlichkeit geknüpft ist? Weil man im Neusagen gleich eine Abwertung des Gesagten sieht und also meint, eine Neuübersetzung impliziere ein Werturteil über bestehende Übersetzungen?

Der Kunstanspruch der Übersetzung bezieht sich auf die sprachliche Gestaltung der jeweiligen Auseinandersetzung mit Fremde anhand des Materials des Originals, und nicht auf ihre Funktion als soundsosprachige Vermittlung des Originals als Kunstwerk. Diese Doppelrolle gehört zur Übersetzung als literarischer Erscheinung und zum Übersetzer als Urheber übersetzer Texte. Jede der beiden Rollen lässt Raum für eine Neuübersetzung – die erste, weil bei der Nutzung des Originals als Material jede solche Gestaltung ja wieder den originären Ausdruck dieser Auseinandersetzung mit Fremde darstellt, die zweite deshalb, weil jede Vermittlung etwas Unvollständiges hat, indem sie *eine* Lesart ist, *einen* Blick auf das Werk bietet, der immer von den Eigenarten des jeweiligen Übersetzers und seinem Verhältnis zu Welt und Worten geprägt ist. Jede Übersetzung ist somit bleibend als Kunstwerk und vorläufig als Vermittlung. Keine Neuübersetzung nimmt den vorhergehenden ihre »Gültigkeit«. Als Kunstwerke können sie nebeneinander genauso existieren wie die unzähligen Marien-mit-dem-Kinde auf Goldgrund und werden jedem Leser das Ihre mitzuteilen haben. Als Vermittlungen werden sie zwangsläufig in ihrer Wirkung zeitgebunden sein und relativ zu den anderen Lesarten stehen, mit denen zusammen sie als Gesamtheit relativ zum Original als Absolutem stehen. Jede Neuübersetzung – ganz im Unterschied zu den indiskutablen Bearbeitungen bestehender Übersetzungen – soll willkommen sein: Als Kunstwerk, weil jeder schöpferische Ausdruck menschlicher Erfahrung ein Gewinn ist, und als Vermittlung, weil sie eine weitere Lesart darstellt, die den Zugang zum Originalwerk erweitert und vertieft. Und in beiden Rollen leistet jede Übersetzung einen neuen Beitrag zum Reichtum der Sprache.

Das Übersetzen ist eine seltsame Könner-Kunst. Der Künstler muss nichts wissen, der Könner alles. Der Übersetzer als Fremdsprecher ist stets über Klüfte und Abgründe unterwegs – zwischen zwei Sprachen, zwei Welten aus Bildern und Klängen, zwischen Rufen und Horchen, Horchen und Schreiben, wissendem Können und wissensabseitiger Kunst. Wem soll er es recht machen? Der Sprache selbst.

Dank

Für diesen kleinen Text über meine Arbeit, die mich seit nun über einem Vierteljahrhundert begleitet, schulde ich vielen Menschen Dank: Den Autoren, die mir als Übersetzerin vertraut haben, und den Kollegen, die – sowohl aus dem Deutschen als ins Deutsche übersetzend – mich viel über meine Sprache gelehrt haben. Ich danke Slawa Liesiecka für die Anregungen aus ihren Übersetzungen von Thomas Bernhard ins Polnische, Karin Krieger für Rat und Gedankenaustausch und Mascha Tietze für lange erhellende Gespräche im Dunkeln am Wannsee. Ich danke den Lektoren, mit denen ich an den Übersetzungen gearbeitet habe für ihre Bereitschaft zu langen fruchtbaren Arbeitsgesprächen. Mein besonderer Dank gilt Andreas Rötzer, der mich mit verblüffendem verlegerischem Vertrauen zu diesem Buch ermutigt hat, meiner Tochter Nadja für ihre Anteilnahme an meiner Arbeit und ihre kompetente und immer konstruktive Kritik, und Martin Chalmers fürs Lesen und Immerwiederlesen, fürs Zuhören und für die Geduld im endlosen Erörtern des »Wie«.

Point of Departure

A Leave-taking

It is a strange winter on the edge of the city, in the liquid grey light without shadows and sharpness, things slow down, stall on the brink of a vast emptiness where life seems to dissolve into the sheer awareness of absence; and I remember the shallow glow of the street lamp that flowed through the cracks in the shutters

A pair of foxes screech and wail in the backyard at night, they sniff and scratch and rummage, and when the moon is full they mate on the flat roof, sending sharp bits of gravel flying in all directions; and I remember the long sad noise of the wind sweeping across the windows with so much sky in them.

Ausgangspunkt

Ein Abschied

Es ist ein seltsamer Winter am Rande der Stadt, im dichten grauen Licht ohne Schatten und Schärfe werden die Dinge langsam, stehn still am Rand einer riesigen Leere, wo sich das Leben in bloßes Wissen um Abwesenheit auflösen will; und ich erinnere mich an den flachen Schein der Straßenlaterne, der durch die Ritzen in den Fensterläden fiel.

Zwei Füchse kreischen und jaulen nachts im Hof hinterm Haus, sie schnüffeln, kratzen, wühlen, und wenn der Vollmond scheint, paaren sie sich auf dem flachen Dach, daß die scharfen Schottersplitter fliegen; und ich erinnere mich an den langgedehnten Trauerton des Winds über den Fenstern, in denen so viel Himmel war.

The tall trees next door have shed their leaves into the backyard where they now form dark moist mounds, the rain makes a drumming noise on the fire escape; and I remember the black pebbles on the shore of the river between city and sea and the outline of large oil tankers in the thin mist, on the horizon.

On Thursdays the greengrocer works late in his neon lit shop, pacing up an down and packing orders for Friday, weighing oranges in his slow hand; and I remember a cemetery in the warm summer rain, with crumbling brown tombstones, and roses, and the soil so dark as if a fire had swept over it.

Birds start singing in the middle of the night, a sweet and gentle sound of oblivion as it is winter, their hearts and minds seem set on something of the past; and I remember a long row of bare trees, behind a field, in grey and blue and purple dusk, near the river, where it rises and falls with the tide.

Die hohen Bäume nebenan haben ihr Laub abgeworfen, das sich jetzt im Hof zu dunklen feuchten Kuppen häuft, der Regen fällt trommelnd auf die Feuertreppe; und ich erinnere mich an die schwarzen Kiesel am Rand des Flusses zwischen Stadt und Meer und die Schatten großer Öltanker im leichten Dunst am Horizont.

Donnerstags bleibt der Obsthändler bis spät im neonhellen Geschäft, schreitet auf und ab, packt Bestellungen für Freitag, wiegt Orangen in der langsamen Hand; und ich erinnere mich an einen Friedhof im warmen Sommerregen, mit bröckelnden braunen Grabmalen und Rosen, und an eine Erde, so dunkel, als sei ein Feuer darüber gefegt.

Vögel singen mitten in der Nacht, ein lieblich-sanfter Klang der Vergessenheit, es ist ja Winter, ihr Herz und Sinn hängt noch Vergangenem an; und ich erinnere mich an eine lange Reihe kahler Bäume hinter einem Feld, im grauen, blauen, violetten Dämmer, am Fluß, der mit den Gezeiten stieg und fiel.

The thin-lipped man leans against the door of his shop, smoking and watching the pale morning unfold; and I remember a day when the light was still and white, and somewhere on the way out of the city a woman was standing by a window with a cloth in her hand, ready to wipe the window clean, and she didn't move.

Behind a fence stretches the long and earthen red brick wall with two windows on one side which are sometimes lit at night; and I remember a bunch of white roses against the fading summer light and the naked black lines and angles of fire escapes against the turquoise sky.

Women in headscarves walk through the last flurries of falling leaves, the grocery store gets a delivery of brightly coloured soft drinks in clear plastic bottles; and I remember a morning in early autumn in the East End of the city and men eating breakfast in a café while dawn, red and grey, poured into the street

Der Mann mit dünnen Lippen steht an die Tür seines Ladens gelehnt, er raucht und schaut, wie sich der Morgen auftut; und ich erinnere mich an einen Tag mit weißem, stillem Licht, irgendwo auf dem Weg aus der Stadt stand eine Frau am Fenster mit einem Lappen in der Hand, bereit, das Fenster reinzuwischen, und sie rührte sich nicht.

Hinter einem Zaun streckt sich die lange irden-rote Ziegelwand mit zwei Fenstern am Ende, die manchmal nachts erleuchtet sind; und ich erinnere mich an einen Strauß mit weißen Rosen gegen das schwindende Sommerlicht, und die nackten schwarzen Streben und Ecken der Feuertreppen vor dem türkisen Himmel.

Frauen mit Kopftüchern wandern durch die letzten Wirbel trudelnden Laubs, der Lebensmittelladen bekommt eine Lieferung greller bunter Limonaden in Plastikflaschen; und ich erinnere mich an einen Morgen im frühen Herbst, an Männer beim Frühstück in Cafés im Osten der Stadt, während sich der Dämmer rot und grau in die Straßen ergoß.

A tall barren tree in a scrap man's yard casts a sharp shadow on the brown brick walls in the sun, and a shy, liquid shadow at night when the lights are on; and I remember the trains travelling across the sky when it was dark and the railway arches disappeared.

Black men play snooker all night in a room with large windows, the haze of smoke wafting around them; and I remember a street on a rainy Sunday in June, full of people, and lined with stalls offering large yellow fruit, and sparkling fabrics in the shop windows, and the smell of mint and mustard seed and fenugreek in the blue of an evening.

On Friday afternoons the obedient children rush home, blue plastic bags with Friday night loaves dangling from their wrists, their faces sometimes flushed from the hurry, the evening sky is a pale pink behind their heads; and I remember the sound of seagulls circling above the houses, so far inland, their hoarse shrieks.

Ein hoher dürrer Baum in einem Schrottsammlerhof wirft in der Sonne einen scharfen Schatten auf die braunen Ziegelmauern, und nachts einen scheuen fließenden Schatten, wenn die Lichter angehen; und ich erinnere mich an die Züge, die durch den Himmel fuhren, wenn es dunkel war und die Bögen des Viadukts verschwanden.

Schwarze spielen die ganze Nacht Snooker in einem Raum mit großen Fenstern, rauchiger Dunst wogt um sie in Schwaden; und ich erinnere mich an eine Straße voll Menschen eines Regensonntags im Juni, große, gelbe Früchte auf den Ständen am Straßenrand und funkelnde Stoffe in den Ladenfenstern, und an den Geruch von Senfkörnern, Minze und Bockshornklee im Abendblau.

Freitags eilen die folgsamen Kinder am Nachmittag heim, blaue Plastikbeutel mit Freitagabend-Broten baumeln ihnen vom Handgelenk, manchmal sind die Gesichter von der Hast gerötet, der Himmel steht blaß und rosa hinter ihren Köpfen; und ich erinnere mich an den Klang der Möwen, die über den Dächern kreisten, so tief im Inland ihr heiseres Geschrei.

The chugging of trains fills the air where the city whimpers out into the grey flat expanse between rivers and streams, swans chase each other across the water; and I remember walks through dark streets heaving with unrest, sheltered by a warm February wind, and the voices of beggars.

On Saturday afternoons the observant in their finery come out to walk in the park with a view out east, and on Saturday evenings there are brawls outside the shops, and sirens; and I remember the angle of the afternoon sunshine in spring, through the rosebush, and the clouds of dust in the room, hanging from those fleeting beams of light.

There is a stretch of wasteland behind locked gates, with weeds pushing through the cracking concrete, and emptiness; and I remember the russet December light along a narrow river, rubbish caught in the bushes half under water, meadows flooded after heavy rain, and men digging in a field with fruit trees, the city in their back.

Das Tschuckern der Züge erfüllt die Luft, wo die Stadt in die große flache Weite zwischen Flüssen und Bächen verwimmert, Schwäne jagen einander übers Wasser; und ich erinnere mich an Wanderungen durch dunkle Straßen, die vor Unruhe wogten in der Obhut des warmen Februarwinds, und an die Stimmen von Bettlern.

Am Samstagnachmittag kommen die Frommen im feinen Gewand zum Spaziergang heraus in den Park mit dem Blick nach Osten; und samstagabends gibt es Geraufe vor den Läden und Sirenengeheul; und ich erinnere mich wie die Nachmittagssonne im Frühling im schrägen Winkel durch den Rosenbusch fiel, und die Staubwolken im Zimmer, die an den flüchtigen Lichtstrahlen hingen.

Hinter einem verschlossenen Tor liegt ein Streifen Ödland mit Unkraut, das sich aus dem rissigen Betonboden drückt, und mit Leere; und ich erinnere mich an das apfelgelbe Dezemberlicht an einem schmalen Fluß, an den Abfall im überfluteten Ufergebüsch, Wiesen nach schwerem Regen unter Wasser, und Männer, die auf einem Feld mit Obstbäumen gruben, im Rücken die Stadt.

Dusk falls early, the lights go out in the hat shop, and women stoop under the half closed shutter of the fish monger to haggle, the hatter walks home, tall and tired, the women get what they want; and I remember a late afternoon in a park, it was autumn, the dead leaves smelled sweet, and there was the city, spread out, a weary mass of blue and grey after the rain.

The high rise blocks stand tall and dove-grey in the winter light, laundry fluttering in the winter air on the balconies, the days are so short; and I remember the path by the water in the biting sunlight of spring, the butterfly bushes stirred by a breeze, and then the ferry across the December river, brown, yellow, and heavy at high tide, and the flood barriers rising out of the water like uncertain creatures.

On still Sunday mornings the voices of men and boys hang in the air around the playing fields, sound travels far in the frosty haze, the shouts and cries linger in the cold, tremble and fade; and I remember the smell of a wooden pier at night in a warm drizzle, and the glittering town in the background, the sparkle of a little girl's jewellery case.

Der Dämmer sinkt früh, die Lichter gehen aus im Hutgeschäft, Frauen bücken sich unter den halbgeschlossenen Laden des Fischhändlers und handeln, der Hutmacher, groß und müde, macht sich nach Hause auf, die Frauen kriegen, was sie wollen; und ich erinnere mich an einen Spätnachmittag im Park, es war Herbst, das welke Laub duftete süß, und dort lag breit die Stadt, eine müde Masse in Grau und Blau nach dem Regen.

Die hohen Wohnblocks stehen taubengrau im Winterlicht, Wäsche flattert auf den Balkonen in der Winterluft, die Tage sind so kurz; und ich erinnere mich an den Pfad am Wasser im beißenden Frühlingslicht, der Schmetterlingsflieder schwankte im Wind, und dann an die Fähre auf dem Dezemberfluß, braun, gelb und schwer bei Flut, und an die Springflutsperren, die aus dem Wasser ragten wie ungewisses Getier.

An stillen Sonntagmorgen stehen die Stimmen von Männern und Jungen in der Luft um die Spielfelder, der frostige Dunst hält den Ton, Schreie und Rufe verharren in der Kälte, zittern davon und verblassen; und ich erinnere mich an den Geruch einer Mole aus Holz im warmen Nieselregen, und hinten funkelte die Stadt, glitzernd wie eines kleinen Mädchens Schmuckschatulle.

Ditches run through the marshland, lined with stiff weeds, carrying the sky on their still surface, grey, white, and purple; and I remember boats rippling the waves of the incoming tide, in the rowan haze of an afternoon in late winter, and, far away, an island in the huge mouth of the river.

Crows gather on a small patch of grass behind one solitary steadfast rose, they rise together and return, a flock of blackness in the vanishing day, while two boys are smoking secretly behind a bush; and I remember the view of the rooftops melting into the night sky in winter, and the short-lived snow on the rosehips.

There is a shop with everything at the corner, guarded by a woman in a wig, men in black fur hats come in, they purchase and bargain with her while her hand rests on a small ornate prayer book; and I remember a high wall of rust-stained containers in many muted colours by the side of a dusty road in the summer.

Gräben ziehen sich durch das Marschland, gesäumt von steifem Unkraut tragen sie den Himmel auf ihrer stillen Fläche, grau, weiß und lila; und ich erinnere mich an die Boote, die bei Flut die Wellen kräuselten im bitterroten Dunst des Nachmittags im späten Winter, und an die Insel, weit weg im Riesenmund des Flusses.

Krähen sammeln sich auf einem kleinen Flecken Gras hinter einer einzelnen, beharrlichen Rose, sie steigen gemeinsam auf und kehren wieder, ein Schwarm aus Schwärze im verschwindenden Tag, und zwei Jungen rauchen heimlich hinter einem Busch; und ich erinnere mich an den Anblick der Dachfirste, die winters mit dem Nachthimmel verschmolzen, und an den kurzlebigen Schnee auf den Hagebutten.

An der Ecke ist ein Laden, wo es alles gibt, gehütet von einer Frau mit falschem Haar, Männer in schwarzen Pelzhüten kommen, sie kaufen ein und feilschen, während die Hand der Frau auf einem kleinen verzierten Gebetbuch ruht; und ich erinnere mich an eine Wand aus rostfleckigen Behältern in vielen matten Farben am Rand einer staubigen Straße im Sommer.

On rainy days people seek shelter on the buses, routes of poverty and loneliness, the drenched coats smell of misery, some beg for food, quietly, and bless the giver; and I remember a rainbow reflected in the factory windows, and the women workers clapping their hands and singing, sometimes, on a sunny afternoon.

An Regentagen suchen Leute Obdach in den Bussen, Strecken der Armut und der Einsamkeit, die durchnäßten Mäntel riechen nach Elend, manche betteln um Essen, wortlos, segnen den, der etwas gibt; und ich erinnere mich an einen Regenbogen im Spiegel der Fenster der Fabrik, und wie die Arbeiterinnen sangen und in die Hände klatschten, manchmal, wenn nachmittags die Sonne schien.

Fotografie der Installation »GRASSEN TREKKEN AAN DE AARDE« aus: Ruth Verraes: *Schets van het landschap*, Berlin 2012

Bibliographie

Walter Benjamin, *Gesammelte Schriften IV.I*, Werkausgabe Bd 10, Suhrkamp Verlag, Frankfurt am Main 1980, S. 12-16

René Char, »Sept saisis par l'hiver«, aus *Chants de la Balandrane*, Gallimard, 1977, S. 16

Mireille Gansel: *Traduire comme transhumer*, Editions Calligrammes, Rennes 2012, S. 32

Wallace Stevens: *The Man with the Blue Guitar, Selected Poems*, Faber and Faber London 2010, S. 42

Henry David Thoreau: *The Journals of Henry David Thoreau*, Dover Publications, New York 1962, S. I/467

Ruth Verraes: *Schets van het landschap*, Berlin 2012

Matthes & Seitz Berlin · Paperback · 013

Zweite Auflage dieser Ausgabe 2023

MSB Matthes & Seitz Berlin Verlagsgesellschaft mbH
Göhrener Straße 7, 10437 Berlin,
info@matthes-seitz-berlin.de

Umschlaggestaltung: Pauline Altmann, Berlin
Druck und Bindung: GGP Media GmbH, Pößneck
ISBN 978-3-95757-645 3
www.matthes-seitz-berlin.de